Caminando Juntos: U

Caminando juntos: una historia Real de autismo

Omaira Beltran

Published by Omaira Beltran, 2024.

While every precaution has been taken in the preparation of this book, the publisher assumes no responsibility for errors or omissions, or for damages resulting from the use of the information contained herein.

CAMINANDO JUNTOS: UNA HISTORIA REAL DE AUTISMO

First edition. December 4, 2024.

Copyright © 2024 Omaira Beltran.

ISBN: 979-8230435143

Written by Omaira Beltran.

Tabla de Contenido

Por: | Omaira Beltrán Martín 1
PROLOGO 3
PRIMER CAPITULO | EMBARAZO Y PARTO 5
SEGUNDO CAPITULO | PRIMER AÑO A SEGUNDO AÑO DE VIDA | Y PRIMERAS ALERTAS DE AUTISMO 19
    Cuando supe que tenía autismo 29
    CAPITULO TRES | TERAPIAS Y ALIMENTACIÓN 38
    En terapias 39
    Cuando se quedaba ya por gusto sin usar la fuerza 41
    CAPITULO CUATRO | BACHILLERATO E INDEPENDENCIA 69
    BIBLIOGRAFIA 88

Por:

Omaira Beltrán Martín

A ti Samuel,
Porque me has enseñado a ver el mundo
A través de tus ojos.

PROLOGO

A todas las madres que hoy reciben el diagnóstico de su hijo, quiero decirles: 'No están solas' y 'No limiten a sus hijos por un diagnóstico, ni se limiten a sí mismas'.

El autismo no es una enfermedad, es un conjunto de comportamientos que no deben limitar las habilidades naturales de nuestros hijos. Recuerden que todos tenemos inteligencias múltiples que nos permiten desenvolvernos en distintas áreas con mayor facilidad. Puede que tu hijo no sea un genio para las matemáticas, pero le gusta pintar o le gusta la música, es ahí donde debemos enfocarnos desde sus intereses y habilidades.

Todavía recuerdo cuando recibí el diagnóstico de Samuel, a pesar de no saber mucho sobre el tema y de estar terminando mis estudios en Licenciatura en Pedagogía Infantil, me dije a mí misma: 'Tengo un hijo inteligente'. Con esa convicción, enfrenté las adversidades y los desafíos en el camino. No ha sido un camino fácil; más bien, ha estado lleno de obstáculos. Sin embargo, hoy puedo decir que me siento feliz y satisfecha, ya que como madre, he logrado mi objetivo de ver a mi hijo bien. Sé que no es perfecto, no deseo que sea distinto, me gusta como desarrolla su imaginación, me gusta como aprende solo con sus fijaciones, por dibujar. Solo deseo como cualquier madre que sea independiente y que si algún día no estoy no le haga falta y pueda vivir una vida normal. Sé que este mundo es demasiado caótico para él, que los ruidos y la gente le abruman, no pretendo cambiar eso, solo que se adapte a sus rutinas escolares para que pueda ser más sociable. Que aprenda a tolerar la frustración, los problemas cotidianos, que pueda estar en un lugar sin llorar, sin estrés. Que pueda salir y disfrutar de un paseo cotidiano en Bogotá. Sin que la gente me mire y me grite por los comportamientos de mi hijo. Que pueda estudiar sin apoyo, que sea más funcional. Hoy sé que puedo decir que es un adolescente con los mismos problemas que cualquier otro.

Aunque todavía enfrentamos algunos detalles y procesos como la ansiedad, los miedos a los cambios, sobre todo a los que vienen para ambos, lo hacemos con la tranquilidad de saber que mi hijo es un niño feliz y saludable." Cada día viene un nuevo reto, porque esto no termina nunca, pero vamos con la confianza de que somos fuertes cuando estamos juntos.

PRIMER CAPITULO
EMBARAZO Y PARTO

Mi nombre es Omaira, y tengo un hijo diagnosticado con autismo. Es probable que su padre sea asperger, y quizás yo también lo sea, ya que en mi familia hay parientes con autismo y me identifico con varias de las conductas del espectro. Por lo tanto, es posible que se trate de una predisposición genética. Aunque soy Licenciada en Pedagogía Infantil, no ejerzo mi profesión debido a mi dedicación al cuidado de mi hijo, durante su proceso de desarrollo tuve que cambiar de profesión para poder estar con él en casa.

Me gustaría comenzar mi relato desde los dieciocho meses, cuando comenzaron a manifestarse los primeros síntomas de autismo en mi hijo. Sin embargo, creo que la historia no comienza realmente ahí, ya que los factores biológicos y ambientales desempeñan un papel importante en este tema. Por esta razón, voy a retroceder hasta mi periodo de gestación.

Tuve mi primer embarazo a los 32 años. El padre de mi hijo era más joven que yo y dado que nunca aparenté mi edad, comenzamos una relación. Desde el principio, noté algunos detalles extraños en su comportamiento: no mantenía contacto visual, expresaba incoherencias, a veces llegaba tarde y mostraba tendencias mentirosas y obsesivas. Me llamaba a la una de la mañana porque no podía dormir, decía a veces incoherencias, parecía que se iba y volvía. Su tono de voz la forma en la que hablaba no era fluida. Su comportamiento me llevó a investigar en Internet para tratar de identificar alguna psicopatía con la que pudiera relacionarse, pero no encontré respuestas concretas. Le conocí por coincidencia porque pensé que estudio conmigo en el colegio, era el año dos mil ocho y hasta ahora estaban creando los primeros perfiles en Facebook y todos los chicos del colegio ex alumnos se empezaron a comunicar, unos amigos otros hermanos de mis amigos, por eso por error acepte su solicitud y me pareció familiar. Luego de que me di cuenta que no era conocido el siguió escribiendo, durante seis meses duro su bombardeo por Messenger, me invitaba pero yo no aceptaba, así duramos varios meses charlando, luego nos pusimos cita en una iglesia, me invito a tomar algo pero no me simpatizó. Mis amigas me habían insistido que conociera personas y que tomar un café no hacía daño. Ellas tenían sus esposos menores nos pasaba a todas lo mismo parecíamos niñas. Acepte y ese día hablamos pero siempre era muy extraño, me conto que siempre fue muy rebelde, Hablaba de su familia en Venezuela y que era venezolano, un montón de cosas que parecían poco creíbles, que su hermano era de la guardia de Venezuela. Me fui para mi casa aburrida dije que tipo tan fastidioso, aparte todo el tiempo se creía lo máximo tampoco era tan simpático me dije, era muy flaco, sus dientes me llamaban mucho la atención no lo digo por criticar pero tenían una característica, bueno mi dentadura no era la mejor, pero sus dientes denotaban algún problema. Luego lo entendí por mi hijo bruxismo. El seguía escribiendo por internet, decía hola mi niña hermosa, por internet era más interesante. En persona era un fastidio total, no por discriminar sino por lo odioso. Pasaron como tres meses después de ese encuentro un día camino a mi oficina me lo encontré cuando iba a tomar transporte para mi trabajo, ahí ya me empezó a gustar un poco, se veía bien con corbata y traje. Cuando íbamos en el camino empezó a decir estupideces, sus risas sin sentido, yo me decía trágame tierra, quien me ayuda y me quita esté tipo de encima, fue la primera bandera roja que no vi, en un momento antes de bajarse dijo que iba a comprar algo a Unilago que curioso Unilago no abría tan temprano, solo lo pienso hoy, para quienes no saben que es unilago es un sitio donde venden todo para computadores, dijo que le iba a pasar la factura al cliente por otro valor, bueno, luego se bajó dos calles antes de mi parada, yo me baje a mi trabajo que era en la zona rosa, en la ochenta y cinco. El me escribía para invitarme a comer pero yo me negaba, hasta que murió mi abuela y esa semana me sentía un poco deprimida, entonces acepte y así empezó todo. Me invito a tomar café, cuando termino la cita me iba dar un beso, yo le corrí la cara, luego ya se iba a ir, yo lo iba pensando ya no me disgustaba tanto, ya había hecho un buen trabajo de bombardeo, ya no le vi tan peligroso. Le devolví luego ese beso, pero luego al llegar a casa me arrepentí, al comienzo llamaba a la una de la mañana a decir que no podía dormir y yo tenía que madrugar, ya me decía mi amor, si hasta ahora nos estábamos tratando me parecía demasiado meloso para ser verdad, cuando timbraba el celular me daba miedo. Pero seguí, como a la siguiente semana me acompaño a comprar unas carpetas y fuimos al centro después me invito un postre en una cafetería del centro muy bonita en la séptima, allí empezó a hablar de una exnovia, que había abortado un hijo suyo y que lo había traumatizado, que él quería tener un hijo, luego dijo que cuando tuviera un hijo le iba a enseñar a jugar beisbol, otro poco de mentiras que yo no le creí, luego me mostro una foto en su billetera que tenía algo y el la tapaba, era una mujer y al otro lado no se veía que había, eso me dio mal genio, porque muestra eso, para provocar, que ridículo, y quien estaba ahí yo pensé, un niño, mostraba solo la foto de la mujer que había sido su novia. Al otro día le termine por correo y le dije que me daba mucha desconfianza. Pero su bombardeo ya había hecho efecto y los meses escribiendo, entonces empecé a extrañarlo, si no había pasado nada y tampoco compartí nada, no sabía que extrañaba, lo llame un día como casi al mes, luego me invito a comer a salitre plaza y seguimos, me llevo a un restaurante donde pago una comida costosa, me trajo en taxi a mi casa. Igual no dejaba de ser adulador y de esos que te embrujan con sus caricias, ya me estaba acostumbrando a su cortejo. Después salimos otros días yo lo esperaba en la séptima con veintiséis y caminábamos así, hasta que se le acabo el dinero un día me llamó que se quedó sin dinero para el pasaje y yo había renunciado donde mi jefe porque quería buscar algo mejor. No tenía ya casi dinero, no sé qué pretendía sí que yo me fuera por el en taxi porque ya era tarde y en ese tiempo no había plataformas solo Servientrega. Ya a esa hora yo que podía hacer, se devolvió a píe y yo estuve pendiente, no sé si era verdad o me estaba probando a ver si yo corría por él. Después mi familia tuvo una salida yo no pude ir y ese día él llegó a mi casa no sé cómo se memorizo el camino además que se me hizo extraño que cuando fuimos en taxi él se sabía el camino porque yo soy muy despistada y hablaba y él lo guio. Llegó temprano no quería dejarlo entrar pero insistió, ese día yo lo eche de mi casa y por eso él me ha odiado toda la vida. Al día siguiente estaba con la misma ropa, olía mal y yo no lo aguantaba así que inventé una pelea para que no se me acercará, luego de eso nos vimos como dos veces más era como noviembre ya en ese lapso había pasado tres meses desde que me invito ese café cuando nos besamos. Un fin de semana se quedó de encontrar conmigo pero nunca llegó no volvía a responder el celular, fue porque yo publiqué una foto y lo etiquete, entonces ese fin de semana me dejó así y sin explicación. Me bloqueo de las redes y luego me escribió por correo que se iba para Venezuela y que no iba aparecer con una mujer como yo para que lo vieran, yo también lo insulte por correo y lo bloque en Messenger. Pasaron unos días luego llamaba y respiraba y colgaba se escuchaba ahogado. Así paso diciembre luego como enero otra vez llamo a la una de la mañana me dijo que estaba en Cúcuta y que le habían dado una puñalada en Venezuela por robarlo. Luego me colgó, ahí supe que él era quien llamaba. Luego me llamo una vez diciendo que era Carlos y estudiaba en la Uni-minuto, que estaba estudiando creo que llamo por accidente o fingió, estaba loco. Yo seguí con mi vida y se me fue pasando pero había quedado como shock ¿porque así, qué pasó sin una explicación sin un cierre? Nunca me había pasado eso, sentía a ratos unas ganas de venganza, el me seguía escribiendo luego de meses yo estaba trabajando en otra oficina y ahí no tenía internet me conectaba cuando llegaba del trabajo en un café internet y o mi sorpresa cuando empieza a escribir por Messinger si yo lo habían bloqueado. Él decía que no sabía pero yo sabía que había sido él. Así siguió, duro como casi dos años de una relación extraña,

Pero él se las arreglaba o no sé qué pasaba pero volvía y aparecía hasta que finalmente me canse y cambie mi correo y cree otra cuanta. Era demasiado insistente, no lo puedo negar que me atraía y me gustaba mucho, tenía también algunas cualidades, como que me enseñaba a manejar todo lo informático, era muy inteligente, era dulce cuando quería, éramos amigos, pero sus conductas extrañas y sus misterios de su vida me daban desconfianza que hasta llegue a pensar que ocultaba esposa o hijos pero no era así. Pensé que necesitaba algo serio para mi edad y él era menor que yo. Trate de alejarme por lo cual duramos meses sin vernos. Un día se me dañó mi computador y ahí vi que él era muy inteligente y me dio lástima porque sabía que estaba mal, se le notaba solo, esa lastima fue mi desgracia. En ese momento no sabía nada de autismo, de TDHA, ni de narcicismo que son todas las conductas que él tiene, autismo solo no es, porque los asperger, aunque tienen dificultades pueden trabajar con apoyo. Conozco varios y no tienen esas conductas de desaparecer y aparecer. Del bombardeo de amor, las mentiras, la vida doble y las máscaras. En lo que había encontrado en esa época me daba más a sociópata. Pero no encontré nada más hoy sé que es narcisista por el maltrato que sufrió o por el TDHA ya que el autismo tiene comorbilidades, varios diagnósticos en uno.

El siguió insistiendo me escribía o llamaba fingiendo que se equivocaba, llamaba respirando a mi casa, no hablaba y en ese momento lo había apuñalado no sé porque, así me escribía me ponía citas, me escribía cosas obscenas, caí dos veces en su juego pero me aleje, duré meses llevándole la contraria diciéndole que si iba ir y no iba, pensé que así lo mantenía lejos, pero me equivoque, debí denunciarlo, así pasaron meses. Cuando pensé que por fin ya había pasado esa etapa, había cambiado de cuentas, pero él seguía pendiente un día me descuidé y revisé mi cuenta anterior y ahí me empezó a bombardear de nuevo. El embarazo llegó, primero tenía sospechas porque me sentía extraña, me hice una prueba y salió negativa, era una prueba de sangre cuando vi el resultado sentí como pesar porque no pasara, pues tenía 32 años y había tenido ese deseo pero no de esa manera y él no era la persona indicada. Pasaron varios días y nada de mi periodo entonces me hice otra prueba una casera, la compre en una farmacia, yo trabaja con un arquitecto y entre a la oficina y la hice de nuevo y negativa de nuevo, en esos días no le volví a hablar, tampoco le dije nada de mi retraso, porque no quería verlo más, pensé será psicosis mía. Pasaron unos días más tenía una sensación de ver mis senos más grandes, mi ropa ya no me entraba ese día que me sentí así no tenía que ir al trabajo, me pese y pesaba más, entonces cuando lego el día siguiente bajaba por la ochenta y dos, en la zona rosa antes de cruzar la calle vi que estaba abierta una farmacia muy reconocida y tenía horario veinticuatro horas, entonces eran como las siete de la mañana y compré ahí una prueba de embarazo económica, me costó como cinco mil pesos en ese entonces, todavía la guardo la barita, era una barita muy delgada aquí la tengo en las cosas de mi hijo, llegue al baño de la oficina estaba sola y me la hice espere mientras salía, dije es imposible, me decía mi misma es psicosis mía, debe ser que mi periodo se alteró, pues era muy regular, cuando paso los dos minutos y van saliendo las dos líneas rojas, yo me asombre me puse feliz, porque iba a ser mamá, pero por otra me puse nerviosa, hice mis labores, me fui para mi casa le pedí permiso a mi jefe y me fui a mi barrio y me hice un examen de sangre le dije a la doctora que si será que salió mal, ella dijo que no que a lo mejor la hormona no se me activo rápido. Esperé y salió el resultado y era igual positivo, me asusté estaba contenta pero tenía mucho miedo. Tome el teléfono y le dije que necesitaba que habláramos, él ya lo sabía, no tuve que decirlo y le dije sí, no sé por qué, pero no le gusto, dijo que quería seguir conmigo pero no con él bebe. Entonces seguí sola, decidí afrontarlo sola, ya que su carácter me generaba temor. Él se molestó como si le hubiera fallado, entonces no me importo en ese momento, me sentí autosuficiente. Durante un mes no le conté a mis papas solo lo sabían mi vecina que también estaba con retraso igual que yo y mi hermana, cuando me entere le conté a mi jefe, porque yo trabajaba por servicios, eso aquí es que tu recibes solo el dinero sin seguridad social, yo tenía que pagar mis aportes en ese momento tenía un régimen subsidiado me atendían en un hospital del estado, pero los días siguientes tuve dolor de espalda y me dolía mucho el vientre, entonces fui por urgencias, allí tuve que hacer filas, estaba sola en ese pasillo con otra chica que creo que tenían que hacerle un degrado, una mamá que había tenido a su hija ahí me dijo que se enfermó por un bacteria que le dejaron pagar ahí, ese día me revisaron no me hicieron ecografía, solo me palparon y me preguntaron el tipo de sangre de los dos, pero estaba molesta con esté hombre o el donante en ese momento le llame así, entonces lo llamé y le pregunté su tipo de sangre y el me respondió raro. Cuando oía su voz me sentía extraña. Pero estaba concentrada en mi bebé y eso me hacía muy feliz. Después de ver lo sucio y feo de ese hospital llegue el siguiente lunes a pagar mis aportes. Pero esa noche mi Hermana me dijo algo feo me dijo Pídale a Dios que le dé un oportunidad, no la entendía, como me decía que le pidiera una oportunidad, si le pedía a Dios que me permitiera tener a salvo a mi bebé, porque sabía que era la única oportunidad de ser madre que tenía. Para ellos mi hijo era un error, para mí desde el inicio fue una bendición. Comencé a pagar mis aportes y seguridad social como trabajadora independiente y empecé mis controles prenatales. Todo iba bien, empecé a cuidarme a tomar mis vitaminas, aunque el sulfato ferroso me ponía estreñida, tenía una amiga que se había ido para Canadá cuando le conté se puso muy contenta por mí, Por mi edad para nosotras porque tenía amigas y todas éramos las típicas solteronas, en fin ella me apoyo, Le Conté a mis papás y seguí con todo pero justo a la semana 12 de embarazo, al día siguiente de una ecografía en la que me habían dicho que sería un niño, ese día publique mi ecografía en Facebook, en ese entonces no sabía lo que era la privacidad. Al día siguiente experimenté un sangrado abundante que me llevó a la clínica. Ese día yo tenía que entregar unos avalúos catastrales a unos edificios, había empezado a trabajar dos turnos uno con el arquitecto y en la tarde otro con los otros arquitectos que subarrendaban la oficina a mi jefe, entonces había caminado mucho, estaba cansada y me faltaba dos y uno de ellos era como por la calle 63, recuerdo que ya estaba cansada y me tome la pansa y le dije a Samuel toca que aguantes, caminé y lo entregue pero me dolía la espalda, y me sentía mojada, no podía ir al baño tome el Trasmilenio de regreso a mi casa me faltaba uno y dejé así.

Cuando llegué entre al baño y tenía mi ropa interior llena de sangre, me puse a llorar desesperada, pensé lo perdí, Salí rápido para urgencias sola, le marque a él, le dije que estaba teniendo un aborto, él no me puso atención y me fui sola, tome un taxi me fui a la clínica más cercan de mi EPS, hice el ingreso, mientras me llamaban me tire en el suelo, porque esta muy lleno, estaba llorando, asustada, le marque a mi jefe y él me dijo que tranquila que no fuera al día siguiente a trabajar, que me preocupara por nosotros, me atendieron, el doctor me reviso y me dijo que ahí no atendían a madres embarazadas, no era su especialidad, que me fuera para otra clínica que era materno, allí me atenderían bien y me harían ecografía, el me hizo un tacto y cuando saco su mano, sacó la mano llena de coágulos, yo más lloré no lo quería perder. Él me dijo si te envió en ambulancia se tarda más y es peor es mejor que tomes un taxi y en diez minutos estas allá. Entonces tome otro taxi sola, llegue a la otra clínica ahí me dejaron en espera, ya era de noche mi mamá en ese momento llegó, se quedó conmigo, cuando ya tuve turno un ginecólogo me hizo una ecografía intravaginal, cuando vi a mi bebe todo estaba bien, no había explicación para ese sangrado tan fuerte, me dijo que estaba bien, el saltaba dentro de mí, el doctor me dijo míralo como está de inquieto. Y me quede contenta. Ese día regresamos a la casa como a las doce de la noche. Me incapacitaron varios días. Pero los arquitectos por miedo a mi estado me quitaron los recorridos y las llamadas que les hacía buscándoles clientes. Entonces me quede solo con un solo turno. Yo seguía estudiando en la universidad así continúe con todo. Días más tarde me volvieron hacer otra ecografía de control y dijeron que el sangrado había sido hormonal, que todo estaba perfecto con Samuel. No había ningún problema todo iba bien, pero por controles me pusieron como embarazo de alto riesgo y mi doctora me hacía monitoreo cada dos semanas. También había empezado mis cursos psicoprofilacticos sola, cuando iba todas las madres iban con sus esposos y yo iba sola.

A pesar de los contratiempos, el vínculo entre mi hijo y yo se fortaleció y nada pudo separarnos. Desde que supe que estaba embarazada, me preparé para su llegada, cuidándome y asistiendo a controles médicos. Me sometí a todos los exámenes de rutina, ecografías, pruebas de sangre, y muchas otras pruebas. Después del incidente, un médico me recomendó tomar vitaminas especiales para el embarazo, además de las comunes que me habían recetado, como el sulfato ferroso y el ácido fólico. Aunque eran más costosas, lo más importante era la salud de mi bebé. También cuidé mucho mi alimentación, consumiendo verduras, pescado y frutas. Cuando llegaron las vitaminas me hacían vomitar en la calle por la leche. No la soportaba y las náuseas y vomitaba todo el tiempo que empecé a bajar de peso. Me puse delgada cuando era gordita.

Así transcurrió el tiempo y las semanas, pero por diversas circunstancias, no tuve mucho contacto con el padre de mi hijo durante todo el embarazo unas de las razones nuestros problemas de comunicación y lo que él me había dicho, otra era porque quería estar alejada para cuidar de mi embarazo. En una ocasión tenía como siete meses era como la semana treinta y cuatro, no recuerdo muy bien pero tuve de nuevo que ir a la clínica porque mi vientre se empezaba a contraer, sobre todo si yo me ponía nerviosa, y ya en un momento fue muy frecuente yo empecé a sentir que de pronto eran contracciones, entonces me monitorearon, igual todo el tiempo después de esa amenaza de aborto iba a la clínica por seguridad, si sentía agua en mi flujo. Entonces ese día después de que me dijeron que estaba bien que si tenía líquido volviera, él me dijo cuándo le llamé, que estuviera tranquila que no me estresara que él iba a estar conmigo no me iba a dejar sola. Se me hizo muy extraña esa actitud tan diferente, luego, me llamó para que nos pusiéramos de acuerdo para los gastos, le dije que ya yo tenía lo de la clínica y todo listo. Mi EPS me pagaba la licencia de maternidad. El seguro lo cubría todo. Mi jefe estaba también tranquilo porque como él no me había afiliado, pudo haber tenido problemas por eso, pero yo era muy ordenada y lo tenía todo bajo control, como siempre pese a la adversidad o a cualquier problema siempre busco la manera de controlar todo.

Como madre primeriza, me gustaba visitar un sitio web llamado 'Babysitio', donde podía seguir el desarrollo de mi bebé semana a semana y obtener información sobre su crecimiento y desarrollo. La fecha probable de parto estaba programada para septiembre, específicamente entre el 18 y el 21. Mis ilusiones no conocían límites; imaginaba su rostro, su piel, y lo imaginaba parecido a su papá, con su mirada y sus ojos claros.

Así transcurrieron las semanas hasta llegar a la semana treinta y ocho punto cinco de embarazo. Durante esos días, experimenté contracciones frecuentes y acudía regularmente a la clínica. Sin embargo, como aún no había dilatado ni roto fuente, me enviaban de regreso a casa. Era septiembre, y coincidía con el cumpleaños de mi papá. Fue esa misma noche cuando finalmente rompí fuente. Me llevaron de inmediato a la clínica, y estaba emocionada por fin de conocer el rostro de mi hijo. Ya tenía listo todo había comprado un cuna corral, la maleta estaba lista.

Me encontré en una sala con otras mujeres que también estaban en trabajo de parto. Algunas llevaban horas gritando de dolor, mientras que yo apenas comenzaba. Miré mi vientre, lo toqué y le hablé a Samuel, quien ya tenía nombre desde hacía seis meses. Le dije: 'Aquí vamos, hoy nos toca a nosotros'. Estábamos comenzando un nuevo camino juntos, y ya no me sentía sola. Desde que supe que estaba embarazada, hablaba con él, y cuando acariciaba mi vientre, él respondía moviéndose y sacando su pie. Era un hermoso recuerdo de los últimos meses de mi embarazo, a pesar de las náuseas y los vómitos que experimenté en la calle después de tomar las costosas vitaminas recetadas por el médico.

Esa noche pase doce horas en labores de parto, me aplicaron Pitocíl para que no me doliera tanto, me dormía por momentos mientras escuchaba los gritos de las otras mujeres y los llantos de los bebes que poco a poco nacían en la sala de partos. Así llegó el día y empezaron las contracciones más fuertes, la enfermera me había canalizado mal y me había hecho un hematoma con una vejiga del tamaño de una pelota de tenis, pero yo estaba emotiva y nerviosa. Recuerdo que llegó una enfermera y me dijo tú vas para cesárea porque no dilatas nada. Me programaron la cesárea para las nueve de la mañana, pero mis contracciones eran cada vez más fuertes y el efecto del calmante había terminado. Los minutos y las horas en ese instante se hicieron eternos, hasta que por fin una enfermera me llevo a la sala de partos y me dejo ahí otra vez sola en una camilla, que era muy angosta y ni siquiera podía moverme para retorcerme tranquila del dolor.

El dolor fue cada vez más intenso como si mi cadera y mis entrañas se estuvieran quemando por dentro. Por fin entraron los doctores y una enfermera, la enfermera me aplicó la anestesia en mi espalda y ahí quedo mi última contracción.

Me cubrieron de la cintura para abajo para que no viera nada, mientras ellos abrían mi vientre, yo sentía que mis órganos se movían y me hacían presión hacia mi pecho y mi respiración era más lenta. De un momento a otro se escuchó un llanto y la enfermera saco a mi bebe y lo llevo para limpiarlo y ponerle su ropa. Luego lo puso en mi pecho y dijo: "que bebe más hermoso, miren esos ojos". Lo trate de coger y ella me dijo no. Pero sentí por primera vez su piel, sus mejillas blancas, era blanco, con la nariz puntiaguda como la de su papá, se parecía mucho a él, como lo había imaginado. Me limpiaron y me llevaron a otro piso, luego lo trajeron para que le diera de comer, me dieron algo de comer a mí y empezaron las náuseas por la anestesia, lo cual me impidió estar bien. Vomite por horas. Salí de recuperación y me dieron una habitación con otra madre que iba para Psiquiatría porque se iba a tirar de la camilla porque no aguanto los dolores del parto y se lanzó de la camilla. Ese día me sentí por primera vez sola porque no estaba el padre de mi hijo conmigo. Cuando me pasaron a mi hijo lo veía a los ojos y eran iguales, así que lo llame y le dije que su hijo había nacido. Le dije que era parecido a él y él me dijo que luego lo iba a ver. Estuve dos noches con mi bebe en la clínica, y no pude dormir tenía que darle de comer, pero no se despertaba, y solo me salía leche por uno de los pezones, empecé a tener problemas para lactar. Las enfermeras me regañaban que si no dejaban al bebe. Pero no sabía si era por los efectos de la anestesia, pero no comía, Me dieron de alta y Salí sin documentos y sin la Epicrisis la orden para los medicamentos y mi incapacidad para la licencia de maternidad. Me llevaron a mi casa, allí ya me encargué de cuidar a Samuel y de bañarnos. Lo puse hermoso y todas quedaban encantadas. Parecía un copito de nieve, de lo blanco que era. Su rostro fino y delicado. Había dejado la alcoba lista con su corral y sus juguetes, el móvil con la música de bebe. Habíamos llegado a casa.

Pasaron las horas y por fin le dio hambre y empezó a llorar como loco esté bebe, mis pechos no daban nada y no tuve otra opción que darle leche de fórmula. Así fue nuestra primera semana juntos, pero él se estaba poniendo amarillo, todavía no lo registrábamos y tuve que ir a la clínica porque la doctora me dijo que estaba con ictericia y que estaba muy bajo de peso que no le diera más leche materna porque yo no estaba produciendo leche. Llegue a la clínica asustada era mi primer hijo y su padre me dijo que tranquila que eso no era nada grave. Le hicieron unos exámenes y nos dieron la salida para casa. Tome un taxi y me regrese. Al día siguiente Carlos Su padre fue a vernos para registrarlo y me puso cita en la registraduría para hacer el trámite al siguiente día. Me levante tarde, pero él me llamó que me estaba esperando, tuve que ir rápido y llegamos y lo registro con su apellido.

Una de las costumbres de Carlos era llegar tarde, ese día fui yo quien lo hizo. Volví con Samuel porque Carlos estaba trabajando en un lugar donde arreglaban celulares, siempre predomino su habilidad con la tecnología sin haberlo estudiado. Él era Técnico en mercadeo, entonces trabajaba en un lugar donde hacia lo que le gustaba y arreglaba celulares.

Volví a casa, en esos días lo llevé a cobrar un dinero que mi jefe me debía pero no lo encontré y cometí el error de salir demasiado pronto, mi jefe luego me llevó el dinero a la casa esa misma semana, pero por las salidas tan seguidas, la de la licencia de maternidad, mi hijo enfermo de bronquiolitis. Desde ese entonces y con una cesárea no tuve cuarentena ni cuidados, yo también enferme. Tuve que llevarlo por urgencias con un mes de nacido. Le pusieron oxígeno y le hicieron terapias de respiración, ese día Carlos fue por nosotros a la clínica a recogernos. Duro así varios meses con tos y yo le hacía lavados nasales y lo llevaba a terapia respiratoria. En cuanto a mi lactancia materna mi leche se secó al tercer mes, a veces me pregunto si eso tiene que ver en algunos de los problemas y dificultades de mi hijo sobre todo en lo cognitivo. Eso nos trajo más dificultades en lo económico aunque yo tenía ahorros de mi trabajo y de mi licencia de maternidad. En cuanto a la universidad no continúe y aplace, había quedado en sexo semestre pasaba a séptimo y dejé mi proyecto de investigación sin terminar. Pero para mí la prioridad era el niño y esperaba retomar el siguiente semestre.

Los primeros meses de mi hijo fueron muy extraños dormía mucho y lloraba poco, mi madre decía que iba a ser un niño muy juicioso porque no molestaba para nada, cambio de opinión años después. En cuanto a Carlos y yo nuestra relación siempre fue difícil por su carácter, era muy agresivo con sus conductas, en lo verbal, a veces era tierno otras se convertía en otra persona, Cuando veía al niño era algo muy difícil de comprender porque lo veía extraño como si no fuera suyo como si no tuviera empatía. Yo me sentía más enfocada en mi maternidad y lo dejé también de lado sin importar sus problemas o como se la sorteaba para sobre llevar sus propios traumas que sabía que estaban. Además que como me había hablado con su familia para saber si mi hijo iba a tomar sus conductas, se molestó y cambio mucho su actitud conmigo. Mi maternidad no me permitía ser más objetiva para poder llevarnos mejor y me centre en Samuel y él era egocéntrico lo cual lo fue alejando.

Los primeros seis meses de Samuel fueron dentro de lo normal solo que no sostenía bien la cabeza, a los siete meses se sentó, no gateo, cuando había situaciones de riesgo o lloraba como en una ocasión en que tuve una discusión con Carlos y él lo tomo y no lloraba si lo dejaba con otra persona, no reaccionaba. Estaba enfermo siempre del estómago, era muy delicado, por tanto debía tener cuidado con su dieta.

A los siete meses fue hospitalizado por bronquiolitis, ya que me había quedado sin EPS la pagaba como independiente, no lo pude llevar más a terapia respiratoria. Además que había tenido un trabajo y lo había dejado en un jardín y la señora abría la puerta y el recibía todo el frio de la calle. Como yo sufro de asma el heredo mi rinitis y la de Carlos. Entonces sus alergias se complicaron. Inmediatamente solucione lo de la afiliación a un sistema de salud en éste caso uno subsidiado. Lo lleve solo para chequeo y lo dejaron hospitalizado tres días. Fueron de nuevo tres días pesados ya que el papa de Samuel estaba trabajando no pudo acompañarnos, tuve que dormir ese día en el suelo del hospital, dure tres días sin dormir y apenas si podía llegar a bañarme en lo que mi hermana me cuidaba al niño en el hospital. Ya cuando el doctor lo vio mejor nos dio salida. Esa noche dormimos como piedras.

Durante esos meses como no tenía quien se quedará con Samuel y pasaba hojas de vida pero no concretaba nada, me quede en casa, en ocasiones cuidaba niños, realizaba trabajos para mis compañeras y asesoría de tesis de grado, también otras cosas. Hasta ahora todo era tranquilo Samuel no me impedía dormir, además de sus estados de salud, fiebres, resfriados, no había ningún otro problema.

SEGUNDO CAPITULO
PRIMER AÑO A SEGUNDO AÑO DE VIDA
Y PRIMERAS ALERTAS DE AUTISMO

Samuel Aprendió a caminar a los trece meses, pero siempre tendía a caerse, como no gateo, no ponía las manos, y no tenía propriocepción ni lateralidad, por tanto siempre nos caíamos en la calle con él. Hasta ahora se habían puesto todas sus vacunas sin ningún problema secundario. En la casa era normal, decía desde los nueve meses palabras como Ola, mamá. Su leguaje se desarrolló normal se le entendía muy bien. Cuando veía películas se levantaba y le gustaba ver los créditos. Me dada besos cuando se bajaba de la cama. Era cariñoso. Cuando veía a Carlos se solía poner nervioso emocionado. Pues no vivíamos con el pero él siempre iba a vernos.

 A los diecisiete meses lo ingrese a un jardín para ver si ya podía trabajar, estaba ayudando a mi cuñado con unos trabajos justo cuando el ingreso. Entró una semana de prueba en la cual se recogía temprano. La segunda semana me fije que Samuel ya no se quería dejar bañar, fue la primera cosa que note y se me hizo muy extraño pues él no era así, tampoco me quería recibir el desayuno, yo me molesté porque de inmediato culpe al jardín en ese momento, me ofusque y pregunte molesta porque mi hijo estaba así. Que le había hecho. Tenía pesadillas y según había investigado los otros niños también. Lo que pudimos averiguar con otras mamás era que le daban la comida brusco y los sentaban en la bacinilla a las malas, a mi Samuel no volvió tampoco a sentarse en casa para avisar. Apareció con marcas en los muslos, por lo que puse una queja, pero no fui escuchada, solo me dieron una cita y ya. La respuesta llegó años después pero no estaba equivocada del todo. Pero duró tres meses en ese jardín y lo retiré porque no pude soportar esos comportamientos, empezó a golpearse solo, a tirarse al suelo. Pero sus síntomas empezaron después de la Vacuna de los dieciocho meses meses, lo del baño y la comida si fue por el jardín, lo demás fueron los primeros síntomas de autismo que empezaron a reflejarse por haber un cambio en su vida que lo alteró.

A los dieciocho meses Samuel dejo de hablar, se tiraba al suelo, hacia pataletas, se auto agredía, se pegaba solo contra las paredes o el piso, se daba cabezazos contra el suelo.

Al retirarlo se calmó un poco, me quedé con él, pero se puso hiperactivo, no dormía, podía estar hasta las tres de la mañana despierto. Yo había empezado a estudiar de nuevo, además que estaba enferma, mi colon se había alterado, a raíz de una diarrea, ya no volvía ser igual empecé a bajar de peso. Mi garganta a veces se cerraba por las alergias.

Para ese entonces sus conductas ya eras las siguientes, no se dejaba cortar el pelo, no se dejaba vestir, tenía que sentarse solo en la silla o no quería darme la mano, aleteaba. No respondía por su nombre o no escuchaba o atendía las instrucciones.

Como no tenía con quien dejarlo el niño se iba a la universidad conmigo, estudiaba a distancia en una universidad pública de Colombia, pero asistía una vez en la semana para entregar y sustentar trabajos, sin embargo un profesor se disgustó por llevar a mi hijo por sus conductas, el gritaba y no se quedaba quieto. Entonces como no pude conciliar con el docente me fui al 100 en las dos materias que daba, eso quería decir que solo estaba en mi casa y que presentaba un examen al final por el valor total del semestre, es decir una sola nota. Ahí fue donde mi hijo empezó a ponerme a prueba a enseñarme de que estaba hecha. Pues pase los dos exámenes y las dos materias.

Así pase a octavo semestre y Samuel seguía así, ya avisaba pero lo hizo porque yo cuidaba unos niños y un día el niño le uso su bacinilla, entonces él lo imitó y se le quito el miedo que también se lo habían dejado en el lindo jardín. Otra cosa que hacía era que quería sentarse en la silla solo, fueron los primeros cambios grandes que fui viendo. Además de eso, ya no escuchaba, si le llamaba el no venía.

Empecé a consultar con los médicos pero me decían que era pautas de crianza. También tenía sospechas que no escuchaba. Pero no me ponían atención los doctores, se empezó a poner un poco brusco. Como tenía que hacer práctica lo puse en otro jardín y yo iba por la tarde a un colegio a realizar mi proyecto. La situación se estaba poniendo ya insoportable por mi familia, que no toleraba los comportamientos. Empecé a encerarme con él a llorar.

Durante mi práctica, el niño empezó a tomar ciertas conductas extrañas, que me pusieron en alerta. Por lo cual yo misma abrí un proceso en ICBF donde nos enviaron a tomar unos talleres y consultas con una psicóloga. Por ese mismo motivo me mude de casa, el padre de mi hijo se había ido con otra mujer pues estaba embarazada. Estuvo sin contacto con nosotros por casi un año, en el cual ni su celular tenía, no le fue bien con la muchacha y no sabía nada de él solo que la muchacha se había quedado sola también con su hijo. Yo por mi parte me sentí mal por eso, hubo un tiempo en que ya no vi igual a mi hijo. Porque se parecía a su papá, fueron unos días. Pero igual Samuel seguía siendo mi prioridad.

Nos fuimos a vivir solos a un apartamento, ahí por primera vez estábamos solos, los primeros días Samuel no comía y extrañaba a mi papá, cuando escuchaba la voz del dueño de la casa, pensaba que era el abuelo. Cuando íbamos con mi hermana ya era menos inquieto. Los primeros días nos mudamos donde mi hermana por dos semanas, cuando encontré por fin un lugar donde alquilar nos pasamos con nuestras cosas, pero no fue fácil en un comienzo pues yo siempre he tenido cara de niña soy bajita y todos me rechazaban porque pensaban que no podía pagar el alquiler además el niño era inquieto, sus problemas saltaban. Pero un señor no me pidió nada y le dije mentiras para que me alquilara, igual siempre he sido responsable con mis cuentas. Hasta el momento no tengo deudas y cuando las adquiero pago como sea Los primeros días en esa casa fueron tranquilos por fin pude dormir, tenía desorden por todos lados, las cosas de Samuel, pero con alegría organice primero su cuarto al otro día lo deje decorado con algunas cosas sencillas que tenía, le puse figuritas de peces en la pared, sus muñecos en una mesa y su cama, aunque él estaba muy extraño diferente, me besaba la mano y cuando le daba una orden decía si mamita. Al otro día conseguí una estufa, con esa cocinaba los alimentos. Deje todo ordenado, lavaba diarios a mano, remojaba la ropa en agua y jabón y en la noche la llegaba a lavar, calentaba el agua con dos ollas que me dio mi mamá, todavía recuerdo la sensación cuando veía las ollas extrañaba la casa y a mi mamá, pero por otro lado eso me dio seguridad y me sentí más tranquila, Samuel estaba bajando mucho de peso no comía, el dinero me lo prestó una amiga y ya estaba muy endeudada, estaba angustiada. Le busque un jardín los siguientes días a Samuel y encontramos uno algo retirado pero lo recibieron bien, cuando ingreso empezamos a tener dificultades, pues evidenciaron sus conductas. Una maestra me dijo que le hablara en las noches, era muy brusco y no atendía normas o limites, no hablaba bien. Cuando subía de camino a su jardín yo le iba hablando y solo repetía lo que yo decía. En casa preparaba verduras como pepinos y carne, otros días ahuyama, en el desayuno le preparaba panqueques, huevo y chocolate. Yo por mi parte estaba muy delgada, comía poco. Tenía que buscar un empleo entonces me iba a la biblioteca del sector ahí me prestaban el internet y los periódicos, enviaba correos todos los días y ofertas, un día estaba en una reunión del jardín de integración social, ahí cuando le conté a una profesora mi historia y que estudiaba licenciatura en pedagogía, me dijo que levara la hoja de vida, luego una maestra del jardín me dijo que ahí las recogían para la Secretaria de integración social. Así lo hice y me llamaron a la semana. Yo me presente para ese trabajo público y pasé pero debía pagar aportes a salud y pensión hasta que saliera ese trabajo.

La subdirectora me hizo la entrevista para ese trabajo y me aprobó, pero por temas de administración de la alcaldía de ese entonces Petro, el secretario se iba a ir y debía firmar mi contrato, se pasó todo conseguí todos los documentos, certificaciones, corrí todo un día buscando en los sitios donde había trabajado hace muchos años, en una la señora no me quiso dar la certificación de remplazos como maestra, en otra la dueña me ayudo pero le tuve que pagar por el certificado como siete mil pesos colombianos, entregue todo pague aportes con dinero prestado. Y a esperar y nada pasaba tiempo por los inconvenientes con el secretario de integración social. Yo estaba estudiando, terminando lo que me faltaba, estudiaba los sábados y unos días me lleve a Samuel. Pero algunas de mis compañeras se molestaban porque el hacía ruido sobre todo sonidos con la boca, ese día me puse a llorar porque una compañera molestó por mi hijo dijo que me tenía que salir, yo me puse a llorar y otra compañera me defendió, el profesor también me apoyo. En ese momento todavía no sabía nada de su diagnóstico y así era en todos lados, en mi casa con mi familia en la calle, en el transporte público. En ese momento solo lloraba pero con el tiempo me fui haciendo fuerte.

El ambiente de la casa era tranquilo las hijas del dueño eran amables, el dueño no decía nada por los gritos del niño en la noche, el gritaba todo el tiempo, lloraba mucho. Pero ya viviendo solos se vio un poco más calmado. Sufría mucho para vestirlo, bañarlo, no se dejaba bañar, lo bañaba con agua tibia y yo me bañaba con agua fría. Pues no había ducha o agua caliente. En ese momento Samuel tenía ya como conductas que no escuchaba estaba más perdido y era hiperactivo solo repetía lo que se le preguntaba, me pegaba me rasguñaba y me mordía, me agarraba mi pelo y lo jalaba. No seguía instrucciones, se iba para todos lados. Le gustaba mucho los parques y lo bueno era que allí había muchos y salíamos a caminar y a jugar. Me pedía las cosas tomándome de las manos, no se quería vestir o bañar, si no le entendía lo que me quería decir se mordía las manos o se piñizcaba su mejilla, no le gustaba verse al espejo, si se le preguntaba en fotografías quien era él decía Samuel hablaba en tercera persona refiriéndose a él, aleteaba, caminaba de puntas daba giros a su alrededor, hacia hileras con los objetos y si le quitaban se ponía muy molesto y empezaba a gritar si alguien le movía una sola ficha, lo que más usaba para sus hileras era cinturones, cordones, fichas, lápices, cualquier objeto o muñecos. Se ponía molesto si se le desordenaba la cobija de donde estaba jugando, es decir él ponía sus juguetes para sus hileras en mi cama o la suya, si se le arrugaba el edredón se molestaba y empezaba a jadear. No le gustaba ponerse ropa nueva, ni zapatos nuevos, camisas de rallas o camisas con botones o corbata. Tampoco que yo las usara o me pintara el pelo. Puedo seguir aquí escribiendo un montón de cosas, como cuando se encerró y no pudo quitar el pasador en dos ocasiones. En el trasporte era terrible salir con él, la gente me trataba mal me decían eduque a su hijo y yo no sabía qué hacer.

Samuel durante el proceso en ICBF

Lo llevaba a las citas en el psicólogo de ICBF allí tuvo como dos cesiones y unos talleres, a Samuel le gustaba porque tenía una sala de juegos y los niños jugaban con juguetes didácticos, había incluso una casa de muñecos, En la primera cesión sin conocerlo ni hablar con él, la psicóloga dijo que Samuel no tenía nada eran problemas de pautas de crianza. Sin verlo sin valorarlo solo con cinco minutos que lo vio. No me agrado porque no entendía mis peticiones y lo que yo le decía que probamente escuchaba mal pero para mí Samuel desde que era Bebe no tuvo un desarrollo normal. Ella me remitió ahí mismo a una cita con una Neuropsicologa entre todas esas citas y talleres finalmente después de dos meses, cuando estábamos en la sala jugando con otros niños de esa institución, una maestra que hacia practicas allí jugando y haciéndoles actividades, estaba jugando con él le hizo unas preguntas, acerco y me dijo, tu hijo es autista, yo le dije; ¿cómo?, ella me dice si es que él tiene ecolalia, y le preguntó ¿qué es eso?, ella dice, que repite lo que uno le dice, le pregunte ¿cómo te llamas? y me respondió ¿cómo te llama?, le dije no sé, lo están valorando porque me parece que él no tiene un desarrollo acorde a su edad.

En ese momento mi corazón quedo en shock no lo podía creer estaba estudiando pedagogía y no tenía idea de autismo, vi algunas películas y videos, recuerdo una película argentina de una señora que estaba embarazada y su hija no hablaba y ella la veía como un misterio y no sabía porque, otra como Reyman, y una de una niño que había visto un crimen de sus papás pero ninguna mostro nada que se asemejara a lo que yo estaba viviendo, pensé que el autismo era solo un niño que no hablaba, que se auto estimulaba, era todo lo que sabía al respecto. Ese día llegue a la casa de mi hermana a investigar y leí todos los conceptos, en un momento vi un video de adultos con asperger y eran iguales al papá de Samuel. Ese día me quedó claro que mi hijo tenía autismo.

Entre lo que ya había investigado estaba las conductas como por ejemplo hablar en tercera persona, como lo mencionaba anteriormente,

Samuel se veía al espejo y yo le preguntaba ¿quién está ahí?, el respondía, Samuel, igual en las fotos, Los patrones de conductas agresivas y repetidas, no le gustaba los cambios, hacia hileras con los colores y objetos como cubos, fichas, cinturones, lápices, todos los ponía en fila, si le quitaba uno se molestaba y se cogía una de sus mejillas y se las arrullaba.

Otra de sus conductas era que si no se le entendía se mordía, se frustraba demasiado, me tomaba de la mano para decirme cuando quería algo. Su lenguaje era pobre y escaso solo monosílabos, como tete, mama, para cuando todo eso ocurrió ya él tenía dos años y medio y a su edad otros niños ya hablaban algo más claro. Pero Samuel parecía no escuchar pues en una ocasión mi hermana lo dijo, ¿El niño no oye?

Su motricidad tenia también dificultades, para tomar objetos, se caía constantemente. Uno de los más incomodos síntomas eran sus gritos, parecía una gallinita cacareando. Como en la ocasión con mi compañera de la universidad, otro de los patrones de conducta era aleteo, hacía con sus manos como si fuera un pajarito o daba vueltas, se mecía solo. Se estimulaba solo y él se auto estimulaba. Su sueño era malo no dormía aunque lo tratara de cansar podía estar hasta las tres de la mañana sin dormir, me tenía agotada, a veces se despertaba sonámbulo y decía que se iba para la calle, bueno en sus pocas expresiones.

No toleraba el agua, no se dejaba bañar, poner las camisas, era difícil, quitarle la ropa y ponérsela, era una odisea. Tampoco le gustaba que le tocaran su cara o que lo abrasarán, sus orejas o cortarse el pelo, cortarse las uñas, lavar sus dientes todo esto debía hacerlo a la fuerza.

No fijaba la mirada cuando se le hablaba, parecía que desviaba un ojo, no le gustaba cambiar de caminos, siempre tenía que ser por el mismo lugar y si veía algo era difícil decirle no. Sobre todo las tiendas donde había juguetes. Tampoco le gustaba hacer filas.

En los buses quería la silla y sentarse solo sino gritaba. No podía coger bien la cuchara, comía poco y no masticaba. Con respecto a mi como se tiraba hacia atrás, me daba cabezazos que terminaban rompiendo los labios, me cogía del pelo y me lo jalaba, Como gritaba y yo iba a veces con mi hermana a una iglesia Cristiana, nos sacaban, cada vez éramos más solitarios, Poco a poco nos fuimos aislando del mundo y nuestro círculo social era más reducido.

Todas esas conductas eran signos de alarma de autismo, que luego no tuve ninguna duda, pero unos días después de investigar, se lo mencione a la Psicóloga pero me dijo que no que mi hijo tenía era problemas de pautas de crianza. Y que yo debía tomar la terapia y no el niño. En fin le envió una prueba Batel y a la semana siguiente lo lleve para dicha prueba con una Neuropsicologa, lo entré y el entro solo con ella y a los diez minutos Salió la Doctora y me dijo no se le puede hacer la prueba el niño tiene autismo. No es apto para esta prueba y su desarrollo no es apto para la edad que tiene. Con éste reporte ya yo inicie los trámites de diagnóstico en el Hospital Simón Bolívar la pediatra me dio la orden para Psiquiatría Infantil y para Neuropsicología Pediátrica.

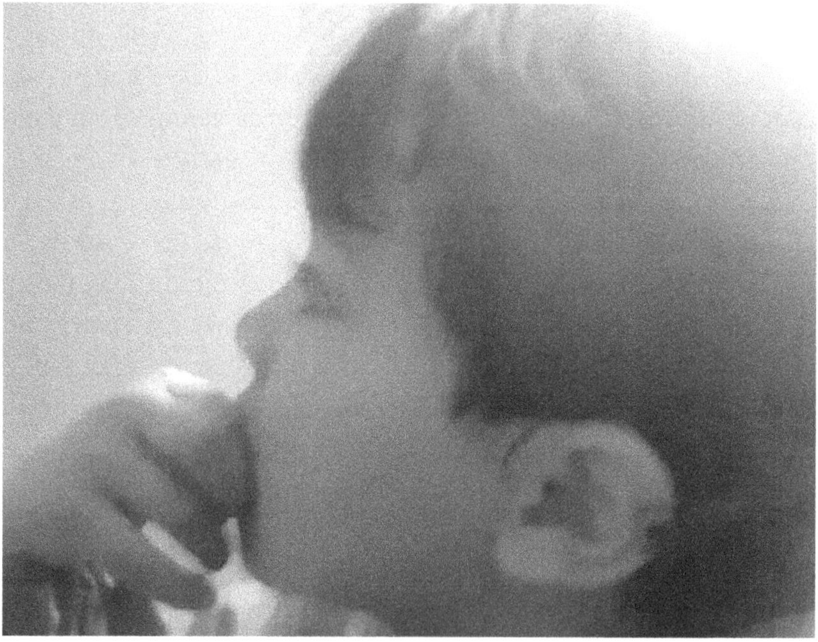

Cuando supe que tenía autismo

Fue un alivio por un lado porque dije por lo menos ya sé que es y se cómo trabajar, también pensé, con lo poco que sabía de autismo, que eran personas con talentos, me dije a mi misma, Tengo un hijo Inteligente. Me quede con esa idea. Mas no con ese diagnóstico que todavía no era claro. Sabía que tenía un camino largo por recorrer que no iba ser fácil y regrese a la casa de mis papás. Mientras regresábamos no sabía mucho de Carlos, solo que ya no estaba más con esa chica y eso era todo. Yo seguía estudiando y empecé a investigar y a leer mucho sobre el tema. Llevaba a mi hijo a un jardín en el norte y para no sacarlo nos íbamos temprano, yo tenía también el proceso de contratación en la secretaria de integración social como Técnica. Pero nada que se llenaban todos los documentos por un cambio en el, secretario. Por esa firma y el tipo al fin no se dió, pero me daño el contrato y me canse de esperar, los gastos no daban y no tenía dinero para pagar más aportes. Pues era por OPS. Dije que no y pedí mi carpeta. Ya llego diciembre y yo inscribí a Samuel en un jardín de integración social el mi localidad, Pedí las citas y como habían tuve que poner la primera tutela. Con ella me dieron las citas de Psiquiatría en el Hospital de la misericordia y la de Neurología en el Simón Bolívar. Termine también mi semestre y pasaba al último.

Unos días antes de la cita me encontré con algunos familiares del papa de Samuel y yo les mencione que mi hijo tenía autismo y que ya tenía las citas para el diagnóstico, ellos me dijeron que él tenía un hijo en Venezuela y que el niño también tenía autismo. Y que tenían también primos. Entonces más claro no me pudo quedar. Y ambos reflexionamos en que Carlos También lo tenía ya que según sus familiares el también tenía esas conductas y que por ejemplo cuando era niño, él no quería entrar a la casa o a lugares nuevos.

Como estaba investigando el primer lugar donde fui a investigar fue una institución de terapias llamada Neurorehabilitar que queda en

Bogotá. Allí no había cupo, pero la Doctora que me atendió, me dio mi primera información sobre la dieta, me dijo sabias que los niños con autismo necesitan dieta, cero leche, dale leche de arroz o almendras. Fue muy por encima, pero ya yo llegue a investigar en internet, pasaba horas en la biblioteca leyendo libros sobre autismo. Ella me dijo espera el diagnostico cuando lo tengas empiezas.

El 17 de diciembre de 2013 tuvo la primera cita con Psiquiatría infantil me hicieron llenar unos formatos sobre las conductas, en el reporte el psiquiatra puso las siguientes anomalías, en una escala de una a 10; no habla, 5, es agresivo 8, no atiende ordenes 8, hace sonidos, 7, se balancea, 7, repite lo que uno dice 5. Ya tenía tres años cumplidos para el momento del diagnóstico, me dijeron que si el tenia autismo y me dieron el diagnostico le pusieron trastorno del espectro autista, como segundo diagnostico trastorno de ansiedad. Como plan se le dio control de la ansiedad y terapia de lenguaje. También le medicaron con resperidona, yo la solicite pero no me la dieron ya que en nuestro país si no se escriben las órdenes para estos medicamentos bien es imposible y estos medicamentos son de autorizar y se evalúa por la EPS varios días. O por lo menos en ese momento fue así. Por eso no se lo di y empecé esa misma noche con la dieta, deje de darle leche, pan, gaseosas y azucares. Uno de los alimentos que más le ponían terrible y agresivo era las sardinas o el atún, por eso también quedo fuera. Dulces y chocolates fuera, Pasta o espagueti fuera era de lo que más lo ponía irritable pues le daba dolor de cabeza, por eso se ponía así. Yogurt fuera, Kumis fuera. Todo alimento que tuviera aditivos o conservantes, y se volvió una alimentación solo natural. Ese fue primer paso hacia esté aprendizaje sobre autismo. La de Neurología fue en el simón Bolívar y le diagnosticaron Asperger, pero se tenía en cuenta la de Psiquiatría.

Los primeros días de la dieta hubo algo de ansiedad pero el cambio fue enorme, las pesadillas y esos despertares gritando se fueron yendo, fue lo primero y estaba un poco más tranquilo no me soluciono todo pero me dio un respiro.

Mi segundo paso fue sorprendente fue que nos inscribimos a Natación a un curso vacacional, era solo una semana pero esa semana fue como una terapia, ya que de nuevo tenía que poner otra tutela, entonces tenía que tomar lo que pudiera. El primer día no se quiso bañar ni quitar la ropa, gritaba cuando me iba a meter con el entonces, lo alzaba y nos bañábamos juntos. Luego cuando bajamos, no quería entrar al agua, gritaba, pero como era una piscina pequeña le fui jugando y le insistí aunque el maestro me dijo: no le ínsitas. Pero yo le seguí y luego ya no se quería salir. Lo llevaba como ejercicio, de una lado hacia el otro caminando, la clase terminó pero luego la odisea fue para que se pusiera la ropa, como veía a los otros niños, el hacía lo mismo y poco a poco fue cediendo. La segunda clase fue ya de más juego y le gustaba el rayo Mckueen entonces yo repetía lo mismo que el, soy veloz, y empezamos a jugar y así aprovechamos el segundo día, así con los demás. Aunque llegaba cansado el 24 de diciembre de ese mes no durmió y tenía tanta energía.

Cuando terminaron las clases dimos fin gracias a la natación a que no se dejara poner la ropa, ya se dejaba vestir y bañarse aunque todavía no le gustaba bañarse con la regadera. Para bañarlo me tenía que meter con el cuándo era regadera me metía yo y lo alzaba en mi regazo y lo bañaba o en otro baño había unas manguueritas pero no siempre lo prestaban era para personas en sillas de ruedas.

Continuamos con la dieta, el niño ingreso al jardín al comienzo parecía bien pero a la semana siguiente empezaron los problemas por una razón, la dieta. Entonces empezaron mis discusiones con las maestras que aparte eran demasiado tercas, no se dejaban hablar sobre el tema y pretendían que yo solucionara todo de la noche a la mañana, pero no atendían las recomendaciones sobre la dieta y se molestaban si yo llevaba información, en ese momento llego un educador especial el tardo en llegar semanas después, yo tenía mis primeros roces con las profesoras, no solo por lo de mi hijo sino también por otras cosas que pasaron en el jardín entonces no me querían y eran medio antipáticas creyendo que porque ya estudiaron no era necesario leer o saber nada más de lo que aprendieron y yo hacía énfasis en que aunque había estudiado para docente, en mi universidad todavía no me habían explicado nada sobre autismo y justo en ese último semestre lo iba a ver. Y al final era muy por encima. Entonces estaba aprendiendo también y solo quería compartir con ellas y mejorar las conductas del niño.

Cuando llego el educador especial, me lleno una ficha sirve, me tomo los datos como familia monoparental ya que mis papas estaba ya mudándose, que vivía solo por el momento con mis papás pero ellos se iban a ir a vivir a las afueras de la ciudad, estudiaba licenciatura en Pedagogía infantil y me faltaba un semestre. El profesor fue muy amable y él había trabajado en Neurorehabilitar, entonces sabia muchísimo. Fue una alivio para mí porque me empezó a enseñar cosas para trabajar con Samuel que ya las iré contando aquí. Además que se convirtió en un puente de comunicación con las docentes pues así yo no discutía con ellas. Alterno a eso estaba haciendo todo el proceso médico, ya que me enviaron con el Neurólogo del Homi, uno muy bueno, él me envió exámenes del cerebro como un TAC. Un electroencefalograma, para ambos fue una odisea, recuerdo que no pude dejar dormir a Samuel y tuve distraído toda la noche con películas de superman, y en el caso del encefalograma, llegó y no se dormía para nada, entonces nos pusieron en una camilla y tuve que acostarme con él. En el Tac, llegue tarde y lo mismo no se dormía, él podía estar despierto y seguir derecho mientras yo terminaba cansada. Unos exámenes de sangre en donde tuvimos que cogerlo entre varias personas. El examen de oídos para para saber si escuchaba bien. Este salió negativo el niño escuchaba perfecto, en ese lo metieron a una cabina y le ponían unos ruidos, pero no encontraron ninguna anomalía, ni este ni en los demás. Y el Neurólogo le ordeno cita con genética para analizar la línea de las dos familias, pero esté nunca se lo pude hacer y a la fecha hoy que ya tiene trece años le sigo buscando, pues siempre es difícil para conseguir la cita, luego me ordenaba la orden para el examen, pero con mis cambios laborales se quedó quieto ye en éste momento estoy insistiendo por la cita. Eso si en nuestra primera cita con la genetista, ella lo vio y me dijo que eso era genético también me dijo si estaba dispuesta en estar en un estudio pero no me llamo, me dijo que si yo tenía más hijos con el mismos hombre había un setenta y siete por ciento de probabilidades de que tuviera más hijos con autismo o con más autismo del que tenía Samuel.

Para todos esos exámenes siempre tenía que ir a autorizar citas con capital salud que era la EPS de entonces, era una mañana de filas. Muchas personas cuestionaba que el niño tenía discapacidad y no yo, pero estas citas y las terapias, todo ese proceso lo hice sola. Inclusive dejas de atenderte a ti misma, no te puedes enfermar. Para las personas que tienes quienes las apoyen en sus casas, pero con un niño así es duro dejarlo a un abuelo o a un familiar, no es para que sea siempre porque se enferma y era una responsabilidad muy grande. Inclusive muchas veces nos caímos. Tampoco voy decir mi hijo era un monstruo porque no es así, dependían de con quien estuviera del ambiente, el solo era un ángel pero afuera el ambiente le hacía daño y el reaccionaba. Además que el problema no era Samuel sino el entorno que no sabía entender, sus necesidades, su lenguaje. Lo único que ellos piden es que no los molesten que no les toquen, que no violen esas reglas que ellos tienen, que no le hagan ruido, grandes, como la pólvora, mi hijo no tiene ese problema pero si hay niños que se tapan los oídos, Samuel muy poco no recuerdo cuales sonidos hacia que se tapara, eso me pasa más a mí. En mi familia nos íbamos alejando cada vez más nos quedamos encerrados en la habitación para que el niño no incomodará, pues azotaba las puertas, era agresivo, yo mientras tanto me uní a grupos en Facebook y conocí otras madres que me fueron contando sus experiencias. Eso me dio fuerza, también leí mucho pasaba horas en la biblioteca del Tunal y la de mi sector leyendo todo tipo de libros sobre investigaciones sobre autismo, desde historias de autismo en uno de ellos leía que todos los niños con autismo tienen una habilidades natas, como pintar, hacer obras de artes, de repente, pero que a medida que los niños se iban volviendo más sociables perdían estas habilidades. También que el autismo se puede graduar de izquierda a derecha, se trata de llevar al niño a que sea más social a que mejore su comunicación ya que este trastorno afecta toda la dimensión comunicativa. También leí algunos escritos por niños con autismo. Uno era escrito por un niño alemán que no era verbal su nombre Birger Sellin y el libro se llama quiero dejar de ser un dentro de mí. Todos esos libros me ayudaron poco a poco a entender el autismo y todos los tipos de autismo. Para quienes no tienen conocimientos sobre el tema el autismo es un trastorno que afecta toda la parte social del niño, el lenguaje, su comunicación, se da más como unas conductas, patrones, aunque muchas veces va acompañado de otras comorbilidades, como hiperactividad, trastorno de ansiedad, convulsiones. Conocí muchos niños con Autismo y epilepsia. También me guie por videos, experiencias de otras madres, bueno no me ayudaron mucho, pero me ayudo más las experiencias de las personas que conocí en las terapias, con su grandes historias de vida que me dieron ánimo, hice amigas por internet entre ellas una doctora Colombiana de Argentina con Su hijo Tommi, que también tenía una autismo leve, comparábamos experiencias. Me informe más sobre la dieta, recetas caseras, como la Leche de almendras, leche de coco, recetas para reemplazar el gluten.

Samuel no quería ir al jardín, no quería entrar, las maestras lo entraban entre dos del brazo, el educador especial empezó su trabajo con él y empezó dando pautas a las docentes de cómo trabajar con él, les dijo que sus tiempos eran muy cortos y que dejaran que el trabajara y se levantará y se diera una vuelta y que luego volviera a sus actividades. A mí me dijo en cuanto a que el no toleraba los cambios, que hiciera todo lo contrario a lo que él quería, que todos los días fuera por un camino diferente, que le cambiara el cuarto todos los días, como el sí tenía sed, no podía esperarse, tenía que darle todo ya, entonces el profesor me decía, es porque no tolera la frustración y debe tener tiempos de espera. Trabaja todos los días y si él quiere algo ya, te demoras.

Me dio un plan casero para trabajar los limites, y por ejemplo recuerdo una actividad, donde hicimos un circulo con tiza y debíamos quedarnos dentro durante más de cinco minutos. Por otro lado, el jardín inicio una convenio con la piscina para un proyecto que se llamaba niños al Agua, en el, los niños de todos los jardines matriculados en inclusión o necesidades educativas especiales, asistían en un solo horario en éste caso iniciamos los martes. Eran dos horas, iban todos los maestros de la localidad, un médico y los profesores de natación entre todo planificaban unas actividades casi como terapias, que le sirvieron demasiado a Samuel, allí conocí a otra maestra que también me dio consejos, los educadores especiales, allí demostraban de veras su amor hacia esta profesión, allí habían un niño con la espina Bífida, niños con malformaciones en sus pies, o sin brazos, allí comprendí que estaba en un camino en donde mi hijo me estaba enseñando, a ser más sensible, a conocer el mundo no de la forma que la gente me lo había enseñado, sino con el corazón, no se imaginan las emociones que sentía yo al ver por ejemplo a una madre con su hijo sin brazos como guardaba sus cosas más ordenadas que las mías que tenía mis manos, como cargaba a su niño. Con tanto amor. Esta fue una de las tantas experiencias hermosas que aprendí en éste viaje llamado autismo con mi hijo. Era muy bonito y además el profesor me permitió hacer práctica con ellos ya que yo en mi universidad debía buscar un colegio con educación especial o un niño, entonces escogí a mi hijo y realice unas actividades, el profesor me las revisaba y hablábamos de autismo y le me enseñaba y así yo más ponía en práctica con Samuel.

Como parte del proceso de integración social, que ha sido siempre mi red de apoyo, hicieron una reunión con todos los padres con niños con necesidades educativas especiales en ese entonces ahora se les dice niños con barreras de aprendizaje. nos hicieron un proceso de sensibilización sobre el duelo, en ese momento lloré, porque era para sensibilizarnos frente al diagnóstico de nuestro hijos yo apenas estaba viviendo ese proceso, aceptaba el diagnóstico de mi hijo pero mis ilusiones y mis sueños seguían siendo verlo estudiar como todo niño normal, y me fije en eso aunque ese día lloraba, no porque me diera por vencida y dijera ah bueno tiene ese diagnóstico lo acepto y no voy hacer nada más, no yo luche y me esmeré porque ese diagnóstico no lo definiera, lloraba recordar la soledad, la impotencia, la falta de empatía de la gente y eso que todavía me faltaba mucho, pero esas lagrimas más tarde con los años se fueron secando y convirtiendo en gritos, aprendí a ponerme los guantes por mi hijo a luchar por sus derechos y porque viviera una vida digna y no excluido. En ese proceso inicial me encontré con otros padres con hijos con autismo y recuerdo a una señora que su hijo tenía más que el mío y me decía cuando hablaba del colegio donde lo iba a poner, estaba buscando opciones para el colegio, ella me decía pero si ellos no estudian. Yo me decía a mí misma en mi mente, el mío si va estudiar. Cuando íbamos al cine un día nos encontramos con un habitante de calle, me dijo su hijo va ser un doctor, así me lo creía, no sé si doctor, pero sabía dentro de mí que tenía grandes sueños para mi hijo.

En mi universidad me fue muy bien siempre me iba bien pues amaba lo que estudiaba, yo ya lo había estudiado antes pero como no tenía dinero lo había dejado y de nuevo estaba en lo que me gustaba. Había también trabajado en oficina y por eso no tenía experiencia y debía esperar a terminar la universidad. Por otro lado mi proyecto de investigación era sobre Lectoescritura. Sobre los problemas que tienen los niños para leer y escribir. Que luego me serviría más adelante para enseñarle a mi propio hijo.

En cuanto a trabajo yo pasaba hojas de vida a fundaciones como minuto de Dios, Fe y alegría, Cafam, sin tener respuesta, en la de Cafam si tuve pero en esa ocasión las maestras no me permitieron sacar a tiempo al niño para la prueba de salud ocupacional, entonces llegue tarde. Como no tenía con quien dejarlo lo lleve pero no me quedé con la vacante.

Mientras tanto seguía con las actividades para la práctica de la universidad, entonces, realice entre ellas una agenda Visual la cual consistía: Poner imágenes grandes en una pared tipo cartelera, con las actividades que realizaba Samuel en el día de lunes a sábado. Entonces empezamos desde levantarse, bañarse, vestirse, desayunar, lavar dientes, ir al jardín, ir a piscina, llegar a casa, tomar onces, descansar, jugar , leer, a veces teníamos nuestra hora el cuento. Dormir. Así todos los días incluyendo cuando era ir al doctor. Eso le ayudo mucho y le ponía más atención, ya que no hablaba.

Por otro lado como azotaba las puertas hicimos en un blog con dibujos las reglas de la casa, no azotar las puertas, no romper, no pegar, no gritar, así otras ya no recuerdo tanto. Lo mejor fue que no volvió a azotar las puertas. Así que fue otro logro.

Otro lado el profesor me explico, que le dijera palabras cortas como, recoger, bañarse, comer, recoger juguetes, así pues ellos no entendían sino lo último que nosotros le decíamos, que si yo le decía frases largas el solo iba a coger la última palabra. De veras que ese profesor fue uno de los tantos ángeles que se le aparecieron en la vida de mi Hijo. Pues Han sido muchos.

CAPITULO TRES
TERAPIAS Y ALIMENTACIÓN

Como el jardín insistía con las terapias tuve que poner de nuevo una tutela en la Personería, me ayudaron a elaborarla y la radique y ganamos al mes nos dieron un sitio para terapias llamado CIFELITO. Quedaba en la 32 debajo de la caracas, allí le dieron manejo integral, dónde tenia Piscología, Fisiatría, Terapia Ocupacional, Educación especial y Terapia de lenguaje. Iba tres veces a la semana todas las tardes, ya era el año 2014, Samuel tenía tres años y medio, cuando inicio, En ese lapso mejoro la coordinación motora gruesa, realizando ya saltos ya que se caía y no ponía las manos, también mejoró la permanencia en las actividades. Su lenguaje empezó a mejorar por ende disminuyo la agresividad.

En terapias.

Al inicio iba tres días por semana, pero en el jardín las maestras se molestaban porque faltaba y en ese lapso empecé a evidenciar que Samuel salía imitando los sonidos y los gestos, manías que hacían los otros niños. Aunque la de lenguaje le había ayudado mucho. Igual que en el jardín lo entraban a la fuerza, pero ya con los días iba integrándose. Lo dejaba a la una y me iba a la sala de espera a la otra sede a ver tv mientras esperaba las tres horas. No nos podíamos mover de ahí, sin embargo enseguida yo conseguí trabajo en un Colegio Privado dictando clases a niños de Tercero, cuarto y quinto, ética y español, que para mí me sentía un poco desubicada dictando esas materias, pero era decisión del Rector y necesitaba el empleo. Me ayudo para lo de mi grado, Era un reemplazo, yo le pedía a mi mamá que llevara al niño a la terapia y lo dejara y yo lo recogía, mi mamá no lo esperaba y yo tenía que correr a buscar a Samuel. Lo cual no funciono pues el rector me veía corriendo y los tiempos no daban cuando tenía que entregar notas. Entonces no me dejaron era un reemplazo pero les pareció que estaba demasiado amarrada con mi hijo y que era muy buena en mi trabajo pero mis obligaciones con Samuel no me permitían estar concentrada. Estuve dos meses ahí, en ese lapso también Samuel se enfermó y fueron muchos los motivos por los que no pude quedarme.

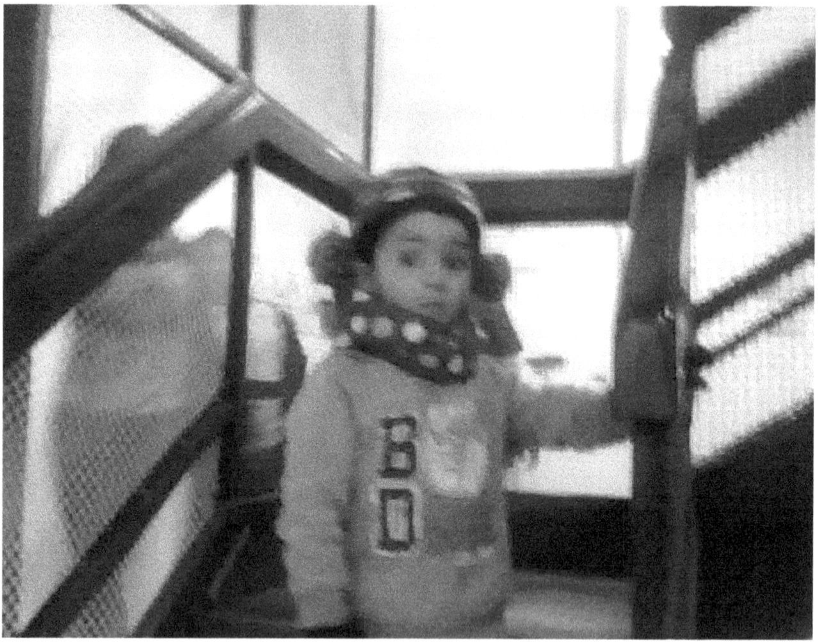

Cuando se quedaba ya por gusto sin usar la fuerza

Mientras Samuel se ponía siempre peor cuando yo trabajaba, se ponía más ansioso, me llamaban más del jardín, Continúe igual pasando ofertas de trabajo, pero no salía nada más.

Termine la Universidad en se octubre de 2014, había por fin cumplido una meta, estaba con muchas expectativas, aprendiendo muchas cosas con Samuel nuevas. Apenas estaba apareciendo Carlos con una sorpresa porque no me le permitieron asistir a una cita y me dijeron porque él estaba pagando aportes como contributivo y que debía afiliar al niño. Entonces no le encontré y averigüe por mi cuenta el lugar donde estaba trabajando y eso nos trajo inconvenientes tuve que dejar al niño así, lo seguí llevando solo a terapias y los controles pero especialistas no. Él ya vivía con otra mujer que tenía dos hijos y se comprometido a que iba a mejorar y que le iba a volver a girar. Así quedo todo. Es otra historia y me quiero enfocar en el trabajo de Samuel y su evolución. Recordemos que El padre de Samuel es también Asperger y es otro conflicto difícil de entender.

Volviendo a Las terapias, por lo que mencione anteriormente que vi que repetía patrones de otros niños, el Educador especial me recomendó lo mismo que solo fuera los sábados y un día entre semana. Para un total de dos veces a la semana seis horas. Así para mí le fue mejor pues se integraba en el jardín y tenía el apoyo de terapias.

Continuamos con la natación también en el jardín, que le permitió mejorar más en las rutinas de vestir y bañarse. Pero si yo tenía que estar con él en el baño y me metía con él.

Así finalizo el años 2014 en el 2015 Carlos ya nos giraba y yo seguía con la dieta con Samuel. En el jardín siempre tuve problemas con eso y tuve que hablar con la referente de educación especial. Ella me dio permiso para que no se le diera Café con leche ya que un día eso lo alteró tanto que el educador especial se dio cuenta también. Entonces ella les explico que los niños con autismo si tienen dieta y así me colaboraron cuando había actividades para no darle dulces y los reemplazamos por frutas y así trataba de controlar. De los alimentos que más le hacían daño del jardín era una avena y el Kumis un día que tuve una entrevista le di eso de camino y se puso brusco en el transmilenio, la gente me insultaba porque él se ponía a gritar, no toleraba estar de pie, no nos daban la silla, a veces lo que hacía cuando se ponía así era abrazarlo, le daba masajes en la espalda, en la casa le lavaba los pies con agua en balde y eso lo relajaba. Cuando se ponía agresivo en ocasiones me exaltaba y lo regañaba y más se ponía peor. Los más cruel era escuchar a las personas que no tenían idea de lo que pasaba, si pudiera controlar eso con una nalgada, ya se había curado porque en ocasiones se ganó sus palmadas pero no solucionaba nada, solo se ponía más agresivo. Lo más feo era que todos me decían lo que tenía que hacer, unos decían eso no existe, no lo lleve al Psiquiatra, otros que le pegará, nadie entendía ni sabía realmente nada del tema inclusive las mismas maestras que me contradecían con la dieta, que eso no servía, pero le ayudo a estar más tranquilo y a que yo pudiera ya poner reglas y pautas ya que sin comunicación como las iba a entender. Era en términos poco comunes un ser salvaje, como la historia de un niño que nos contó un profesor en la universidad, la historia del niño salvaje que rescataron de la selva sin hablar, sin modales, así era mi hijo pues como no había lenguaje, no había manera de enseñarle, ya con la dieta, pude empezar a trabajar, con actividades, en la casa jugábamos a la tienda y le ponía etiquetas a sus juguetes para que me hablará, era muy difícil lograr su atención entonces descubrí que para ganarme su atención debía hablar de lo que le gustaba y jugar con él, entonces jugábamos en la terraza, a el rayo Mcqueen, corría con él y así el me observaba, pero nunca le gustaba jugar conmigo. Siempre estaba solo y no reaccionaba a nada, a si me caía o gritaba, yo salía y el me abrazaba, también era cariños a ratos una vez mientras dormía fue a mi cama y me dio un beso y volvió a su cama, cuando me daba miedo sobre todo sobre que iba hacer con él, solo me acostaba a su lado y le tomaba su pequeña mano y eso me daba seguridad. Y cuando estábamos en la piscina me decía mi Razo, era mi abrazo, todo tiempo pedía que lo abrazará, se ponía encima de mi vientre como si extrañara algo de mi barriga, la veía nada más y ponía su cabeza en ella, así se dormía.

Siempre tuvo fijaciones y las primeras fueron con el rayo Mcqueen. Por lo general sus fijaciones duraron periodos de un año o dos hasta que llegaba una nueva, pero en este era el rayo. Le gustaba mucho trabajar con plastilina, hacia figuritas, yo le compraba y eso lo distraía y me hacía mucho desorden pero nunca lo cohibí de explotar sus habilidades, fueron los primeros pasos hacia el arte que es una de sus habilidades y preferencias, la tecnología y el cine, sus aficiones por las películas desde bebé. Con el tiempo se le fueron quitando algunas manías, otras seguían, lo del agua y bañarse, se superó, que no azotara las puertas, que me pegara moderaba ya era porque no media fuerza o porque se ponía a saltar, pero si disminuyo. Ya no se pegaba, aunque en una ocasión el psiquiatra me le formulo ácido valprohico y ese si se lo di, en esa entonces se estaba mordiendo la boca y se hacía unas llagas, terribles pero el medicamento lo puso peor y lo suspendí. Se iba una manía y llegaba otra. Lo de comprar en la tienda y que tenía que ir por un solo camino también, lo de la silla también ya que como se acostumbró en las terapias lo enseñe a ir de pie y poco a poco fue venciendo sus manías. Ya podíamos ir en bus pero que no estuviera tan lleno.

Ya me entendía como me había enseñado el educador especial, ya no se mordía cuando no le entendían, aunque no hablaba mucho decía monosílabos y con palabras cortas ya se le entendía algo. Lo de los tiempos de espera también aprendió a esperar, hacer fila, a esperar por los alimentos.

Todavía seguía hiperactivo, sus tiempos de atención era de máximo quince minutos, no fijaba la miraba, hablaba solo de películas, no había un lenguaje fluido o una conversación sobre algo, solo decía lo esencial. Jugaba a lo que veía en las películas. No ponía las manos y se caía muchas veces en solo una calle, no comía bien, se tardaba mucho en comer, y no masticaba los alimentos bien.

Así corrió el año 2015 y yo me presente para una convocatoria en la secretaria de integración social, en ese momento se presentaron doce mil personas entre las que pasé y me llamaron, firme contrato en julio de 2007, en ese momento me dieron el trabajo porque en la entrevista como era grupal nos empezaron a preguntar sobre nuestra familia, y le tocaba a una señora y ella contó que su hijo se murió y que era muy duro ya eso distrajo a la entrevistadora que no me preguntó por la mía y no le dije nada de mi hijo. De lo contrario no me hubieran llamado. Entonces la entrevistadora vio mis conocimientos y no mis problemas.

Cuando ingrese aunque la coordinadora que me tocó todavía no sabía nada de mi hijo, me miro de arriba abajo, como yo soy bajita y no aparento mi edad, me dijo ¿tu eres profe?, yo le dije si, y pues en la entrada me llevo a un comedor y desde ese día no le caí bien, luego cuando dije que tenía un hijo con autismo dijo que yo me estaba pobreteando, no le puse atención mis compañeras decían que ella me acosaba pero ni la determinaba, lo único que me estresaba era que todavía por dinero no tenía como organizar los gastos, el cuidado de mi hijo más no por la condición de Samuel, además siempre trate a mi hijo igual que a los demás niños, para mí era normal por eso me enfocaba tanto en que se mejorara, ya cuando yo entre a integración social, las dificultades habían disminuidos un mucho, para mí lo veía normal y en el jardín ya había superado todo, ya tenía amigos con quien jugar. No era por la condición de mi hijo, pues la coordinadora se pasaba porque pretendía que nos quedáramos hasta tarde en esa zona que estaba prohibido, también quería que fuéramos a su casa a trabajar, nos daba partes de su trabajo para que lo hiciéramos las profesoras, lo que nos tenía a las dos de la mañana en vela, un día me llamaron a esa hora y yo me queje la regañaron a ella, no me llamo ella eso era claro pero si no organizaba ni delegaba en orden las tareas y las actividades, a veces estábamos horas esperando para que nos diera instrucciones y llegaba la hora y no se hacía nada, solo perdíamos el tiempo.

Yo trabajaba visitando familias en condición de vulnerabilidad y haciendo actividades con los niños, a pesar de que choque fue con el orden de la coordinadora, me gusto su trabajo, ella pensaba que yo le había puesto quejas pero eran sus amigas, porque yo siempre voy de frente y digo lo que pienso y lo que pensaba se lo dije en dos ocasiones y cuando me queje, después de la queja me pasaron con otra dupla y mi trabajo fue más tranquilo. Era un trabajo muy bonito, porque compartía con las madres, les enseñaba a cuidar sus bebés. Mientras yo trabajaba Samuel era cuidado por una señora, pero ella no lo pudo cuidar más y lo dejé luego con otra, está era más dulce y era técnica en prescolar, le tenía mucha paciencia pero me daba miedo porque su casa estaba en obra gris cuando lo empecé a dejar y ella cocinaba en un cuarto y me daba miedo afortunadamente fue solo unos días porque ya después arreglo rápido su casa. No tenía a nadie más y Samuel era difícil y de paciencia.

En lo económico aunque tenía un buen sueldo al comenzó se fue para aportes y nos pagaban tarde con mes y medio de retraso, por lo que algunas no podían pagar sus aportes y se retrasaba más el pago, pero después del tercer mes ya me fui organizando y ya pude comprar cosas y disfrutar de nuevo de ir a cine con Samuel. Salir a comer y llevarlo a un parque de diversiones. También antes de eso siempre disfrutamos de la biblioteca desde los dos años le abrí inscripción y recogíamos cuentos, se los leía en la noche, desde entonces siempre le gusta la biblioteca y le enseñe no romper los libros, nunca daño, ninguno. Esta vez podíamos ir a otra parte y también lo lleve a centros comerciales. Le compre ropa para él y el regalo a mi papá. Pague lo que debía de los aportes, y ya empecé a ahorrar.

Al papá de Samuel también le estaba yendo bien, trabajando también cómo empleado público, me giraba lo de Samuel, así podía comprarle cosas a Samuel. La muchacha con la que vivía aunque tenía hijos lo puso a trabajar está no le dio dinero como acostumbraban otras y yo no sabía que vivía con ella porque él siempre dice vivir solo. Y a las mujeres les dice que no tiene hijos. En cuanto a las terapias una vez entre a trabajar se suspendieron porque cambie de EPS. Ya la tutela no era válida, se quedó sin terapias.

Nos dedicamos a ser un poco más sociables salíamos más salimos con mi hermana y Alejandra, en una ocasión fuimos a comer hamburguesas a Mc Donals y a comer helado, aunque era difícil porque como ella ya hablaba muy claro mi hijo todavía gritaba y no se le entendían las palabras, no era fácil, socializar con otros niños, pero tenía contacto con la hija de mi vecina que habían nacido en la misma fecha, y con Alejandra y dos o tres amigos del jardín. En cuanto a mi hice algunas amigas en mi trabajo pero yo al igual que Samuel también soy selectiva y fueron pocas, no me gustaba tomar o llegar tarde a la casa porque ya no tenía con quien dejar a Samuel en la noche y solo me lo cuidaban máximo hasta las siete de la noche. Entonces no podía llegar tarde pero nunca me gusto la fiesta o como decimos en Colombia andar de parranda, solo me dedicaba a trabajar y luego a la casa, en ocasiones cuando terminaba rápido me iba para mi casa más temprano. Llegaba a las cuatro o cinco, ya que vivía en la misma localidad. Pero pasaba hasta tarde trabajando en las matrices y Samuel no se acostaba hasta que yo no me acostara. A pesar de que no había muchas palabras éramos muy unidos. Siempre tuvimos un vínculo muy fuerte.

Como en mi trabajo me pidieron que me afiliara a internet y a celular inteligente pues antes de eso yo no usaba las redes sociales, no usaba Whatsapp, ni nada, compre uno y mi hijo lo aprendió a usar en tres minutos mientras a mí me tomo un mes. Él le enviaba mensajes a mi hermana y aunque no se le entendía ella le respondía. Con eso empecé a hacer Audi cuentos con él, yo leía y grababa mi voz, entonces el simulaba también que leía y aunque no se le entendía, se los guardaba así, eso le permitió corregir sus palabras. Ya empezó a hacer oraciones más largas, pues no tenía terapias.

Ya finalizando el año escolar Samuel pasaba a un colegio y yo pensé que como podía pagar una pensión que lo iban a recibir, entonces pedí permiso para solicitar cupo en uno de los colegios de la localidad que manejaban inclusión con niños de educación especial, compre el formulario que en ese momento costo sesenta mil pesos colombianos.

Mi coordinadora casi no me da permiso para la entrevista, en esta entrevista no le fue bien con ese psicólogo que cada rato cuestionaba que el niño se retiraba cada rato y no quería estar en la entrevista. En ese memento me pregunté si fuera un colegio normal no me sorprendería, pero atienden población con necesidades educativas especiales.

Tenía que esperar a una segunda entrevista, pero mi jefe no me dio permiso y perdimos el cupo, ya cuando termino año escolar Samuel todavía no tenía colegio, entonces tuve que ir de colegio en colegio. Pague formularios pero en ningún lado lo recibían por ese diagnóstico, encontré un pequeño pero la dueña cedió cuenta que el niño no hablaba bien y tuve que decirle. Entonces ella me lo recibió, sin inconveniente alegando que esos niños cuando alcanzaban a los otros les iban mejor. Dije por fin y no era tan costoso supuestamente era personalizado.

Cuando llegaron las vacaciones culmino el jardín, el educador especial se había retirado dos meses atrás entonces como él era quien estaba pendiente de Samuel, no le dio tan duro y hubo unos inconvenientes con las maestras por diferencias y también porque Samuel aparecía con marcas en los brazos, de igual manera yo le refería a la docente que entendía como era mi hijo y a mí en ocasiones me tocaba cogerlo duro, que si eran de allá entendería, porque habían momentos como cuando daba patadas, claro que era iniciando, que lo tomaba como el educador me enseño, lo tomaba de su torso mirando hacia al frente y para que no me diera patadas. Pero eso fue iniciando el jardín también se cayó en una ocasión y le tuvieron que coger puntos, lo amarraron con una sábana porque no se dejaba tocar o para calzar una muela fue igual, en los exámenes de sangre para todo teníamos que tomarlo así, entre varias personas lo tomábamos de los brazos.

Por otro lado mi jefe me había llamado la atención cuando lleve a mi hijo a una fundación cerca al trabajo y mis compañeras tan amigables le fueron con el chisme que yo lo estaba llevando al trabajo, no era así había una fundación que tenía vacaciones recreativas y ahí lo deje, lo inscribí pague cuarenta y ocho mil pesos y lo dejaba y me iba hacer mi recorrido a las casas de las mamás gestantes que atendía.

Luego llegaron las fiestas de diciembre y nos daban una semana pero mi jefe no nos dejaba en paz igual teníamos que estar disponibles las veinticuatro horas. Ya después cuando regresamos muchas estaban entregando contrato y ya me faltaba poco a mí y el contrario se venció y teníamos que esperar a firmar de nuevo. Mi hijo ya estaba con la otra señora, y ya estaba más tranquila.

Cuando terminó el contrato sacaron a la coordinadora y en el siguiente me tocó con otra y las cosas fueron más suaves. Samuel ingreso a un Colegio privado, Aclaro que cuando Samuel inicio en ese colegio ya había dejado casi todas sus manías, lo único que era hiperactivo cuando digo hiperactivo es como otra de las comorbilidades del autismo que tenía, así mismo la ansiedad Pero todos hacían parte del mismo espectro. Que hacia todavía ruidos, ya no me pegaba eran solo cuando era sin culpa, Todavía tenía fijaciones para cuando entro al Jardín sus aficiones eran el Hombre araña. Ya no tenía terapias y se aclaró que tocaba volver a poner la tutela, no me fue igual y me dirigieron a la clínica Emanuel le hicieron de nuevo valoración pero sin las mismas condiciones de la anterior. Entonces, me dedique al colegio y a mi trabajo, mientras tanto, continuo con Psiquiatría infantil y con lo demás. Por mi trabajo ya no tenía la misma disponibilidad para llevarlo a terapias en las tardes, ahora me tocaba invertir casi pagarlas en totalidad. Y manejo integral ya no era para mí vista prudente pues Samuel necesitaba socializar, para no tener problemas con su entorno.

El niño estudiaba de siete de la mañana a una y en las tardes la señora me lo cuidaba para que yo no le pagara más me cobraba un adicional como de 60 mil pesos, pero entonces el niño se empezó a cansar más y se empezó a portar mal, entonces lo dejé de nuevo en la tarde con la señora. Era obvio era muy pesado para un niño estar toda la mañana fuera de su casa levantarse temprano y seguir en la tarde. Para cualquier niño normal es muy pesado y las reacciones van a ser portándose mal. Cuando inicio clases el primer problema era que no quería ir, no se quería poner las camisas y las corbatas, el pantalón le picaba y le daba sensaciones de frio y yo le tenía que regañar y obligarlo, hasta que lo hacía. Finalmente se acostumbró con los días pero la corbata no entonces usaba corbatín y no se dejaba abotonar el botón del cuello.

Al comienzo todo iba bien, a pesar de que lo cambie y lo deje solo la jornada, pero no sé si fue por la vacuna de los cinco años, pero después de mitad de año las cosas se pusieron feas, según ellas él era agresivo pero en la casa ya no, no entendía reglas había que explicárselas, pero los niños del grupo llegaron de distintos jardines a mi parecer y también eran bruscos, a mi hijo le pegaban y eso multiplicaba la agresividad. En una ocasión que fui a pagar la pensión me encontré a una niña que lo estaba ahorcando, y después de mitad de año llego una maestra que no lo incluía y le dijo a la directora que él no debía estar ahí , inclusive una día secretaria de educación fue y lo encontraron solo afuera, en mi percepción lo sacaban del salón, como gritaba no les dejaba hacer la clase y lo casaban, era entendible pero la señora sabía que mi hijo tenía ese diagnóstico y lo recibió o yo le hubiera llevado a uno del distrito. Cuando veía por la ventana mi hijo no tenía pupitre, aunque entiendo la posición me pareció falta de ética que la señora hubiera visto mi hijo como una entrada económica más no su proceso. Empecé a tener inconvenientes y le pedí cupo en uno distrital, ya no lo pensaba dejar ahí igual, pero al final de año ella dijo que mi hijo debía repetir transición, yo era docente y no se podía repetir transición porque es una año de aprestamiento dentro del preescolar. Por esta razón me dirigí al Dile encargado de regular los colegios públicos y privados, Pues estaba en lo cierto, además le pague derechos de grado y me dijo que mi niño no se iba a graduar, la señora solo pensaba en su negocio y no se dio cuenta la cantidad de infracciones que cometió, pues no se podía pedir dinero por derechos de grado, tuvo que devolverme el dinero y le pusieron dos sanciones una por decir que mi hijo perdía y otra por pedir dinero pues los niños de transición no se gradúan, eso estaba prohibido y los colegio lo hacen por su lado. Es más en unos del distrito luego cuando aprendí lo hacen ya los papas, para evitar problemas. Como parte de una celebración, me preguntaron pero no ¿ quiere que su hijo salga? Cuando mi hijo ni se dejaba poner un disfraz, solo los que él quería y en la anterior del jardín se subió llorando porque eso no le gustaba, entonces eso no me interesaba menos en un colegio que dejo a mi hijo la mitad de su años escolar por fuera de su silla porque ni si quiera le dieron, pero si le daba la pensión cumplida, por mi estaba bien, la señora no me quiso devolver el dinero y me ofreció un muñeco en madera y el paquete de las fotos. Así lo hice y deje así, ese fue su proceso en ese colegio Horrible, que no quise saber nada de colegios privados. Y acepte el cupo en el distrito en el mismo que tenía que quedar cuando salió del jardín con sus compañeros.

Por otro lado en mi trabajo ese año, me cambiaron de coordinadora y tuve una más tranquila que me dio más tiempo y hasta me lleve a mis reuniones a Samuel, no me decía nada, también me lo lleve a un paseo porque ellas querían que lo dejara pero yo no tenía quien se quedara hasta esa hora y llegábamos tarde, entonces proteste, como aprendí me volví rebelde, cada vez que me decían alguien que iba contra mis derechos discutía y no me callaba, así que deje de llorar y aprendí a defenderme, y lo lleve ese día mi compañera coordinadora de Samuel en su Jardín nos invitó el desayuno. La pasamos muy bien Samuel se divirtió mucho y se lanzó del tobogán con mi compañera Psicóloga Paola... jajajja. Lo paso muy bien, ellas lo vieron muy calmado. Cuando termino el contrato me dieron dos meses nada más porque llego el nuevo alcalde, solo dio eso, me llamaron a firmar contrato y Samuel cumplía años y me fui con mis papas, pero me llamaron y tuve que volver, Entonces pasaron los días como dos semanas, me puse a hacer trabajos en madera, pintando unos cofres y porta retratos, luego llegaba Samuel del colegio contento porque yo estaba. Lo traía en la ruta, pero me llamaron un día y que ya tenía que ir a firmar el acta y trabajar ese día de una vez, entonces hable con la señora que lo cuidaba pero no lo quiso cuidar porque su madre tenía citas, y no podía, me apresure y busque pero nadie me lo quiso cuidar bajé con él y por decir que entregaba el contrato, me tomaron la palabra, tenía en cuenta que solo era dos meses y que después de esos dos meses no iba a tener quizás más. Me retracte pero la referente me dijo entregue porque usted y su niño, entonces ya no quise saber de ese contrato, me dio igual porque tuve que ir pero me dejaron llevarme a Samuel, pero en unas de las reuniones, se puso bravo porque un niño le quiso tomar la Tablet le daño un botón, las mamas se molestaron pero yo no sabía qué hacer, el niño me decía que no jugara con ellos que yo era su mamá. Y se molestó porque les ponía tención a los otros niños. Le pedí disculpas a la señora del niño y le explique que el niño tenía autismo. Pero ellas no entendían, el niño fue a coger sus cosas. Y al Samuel decirle que no el niño le mando la mano a mi hijo, el solo grito lo daño, Samuel no le pego solo grito porque el gritaba, Luego le conté a mi coordinadora llorando pero ella me dijo que tranquila, los otros días mientras entregaba, fueron más tranquilos, el almorzaba conmigo se quedaba en una silla pintando, las otras mamas eran más tranquilas, igual no era la primera vez, fue más por ansiedad. Entonces así terminé me llamaron a firmar a nivel central un documento para que otra persona tomara lo que me faltaba, todas cayeron como lobos y por eso insistieron que dejara el contrato, de igual manera con el desorden y que no habían docentes era un gasto porque tenía que estar de un punto a otro en un lugar y por obligación para llegar debía tomar taxis. Por solo dos meses, me quede como veinte días.

Así cerramos proceso Samuel con su colegio y yo con mi empleo seguí buscando con otra amiga que ya había salido antes, pero no me salió nada en eso porque mi experiencia era muy poca y ese trabajo era más social y no en aula.

Al terminar el contrato como yo lo había dicho no las llamaron solo dejaron como dos o tres pues la administración metía su gente, casi todas estaban buscando trabajo en el 2017 yo iba con ellas a entregar hojas de vida, pero no resulto nada, me quede con los ahorros pero no tuve la idea de invertirlos.

Ese diciembre normal, en mi casa ya el niño no tenía tantos problemas, yo con el papa de Samuel poco de comunicación, me hablaba con algunos de sus familiares, pero poco, Llegó el regreso al colegio y lo lleve el primer día al comenzó fue difícil, era un colegio de inclusión, donde empezamos un nuevo proceso, entré y nos atendió la educadora especial que se llama como mi hermana, con el mismo apellido Samuel congenio con ella, porque era muy encantadora, carismática, bonita, entonces se entendieron pero cuando fuimos al salón de Samuel la profesora no le quiso recibir, dijo que si el niño se paraba o gritaba no le dejaba hacer las clases, ya que se le dijo del diagnóstico, luego las maestras se vieron las caras, me puse a llorar, aquí tampoco me dije, luego le dijeron a la profesora de otro primero y ella tenía Un niño con parálisis y dijo no, pero la profesora negocio con ella, Samuel iba matriculado para el de la profesora que dijo que no primero, entonces lo pusieron de salón en salón, yo al otro día le dije a la Educadora que iba a ir a Secretaria de educación pero ella me dijo, no la profesora le mando decir que le pide disculpas, pues era el primer día y estaba corriendo y estaba estresada. Pero Samuel siguió de salón en salón está profesora del 103 lo tuvo una semana y no lo quiso tener más, y al curso que había ido matriculado era al 101, por la edad, en fin una violación más a los derechos de mi hijo, por otro lado cuando la profesora me asustó pensando que no podía manejar a mi hijo por el diagnostico, me dijo que si ellas no querían tenía que ir a secretaria a buscar otro cupo, pero al final lo tejaron en el 102 con otra profesora más paciente. Allí se quedó, los primeros días no quería entrar, se sentaba al suelo, el solía quitarse los zapatos y se quitaba el calcetin, Ese día solo se sentaba en el suelo, yo lo acompañe, la profesora se asustaba, que gracias a dios yo estaba disponible, los primeros días fueron duros, pero se encontró con compañeros de su jardín y le dio seguridad, igual entro más seguro y como el colegio era grande y ya hablaba mejor me dijo mamá me pagaste esté colegio grande, que chévere, era gratis, no era pagado el de paga era pequeño, con pupitres viejos, y esté tenía loquers, y pupitres nuevos un parque, salones amplios y decorados, las profesoras a pesar de ese primer día era amables aunque había inconvenientes, nunca fueron groseras, el cambio fue total. Me llene de paciencia y ya después si tuve un poco de bajones y dije si sigue así yo no lo llevó más, porque daba de salón en salón, y les pase una carta, pero se lo quedo la profesora del 102 y ahí ya hizo su grupo, cuando se cortaba el pelo, no quería entrar, pero solo tuvo inconvenientes con un niño, por una niña que le gusto, nunca en mi vida le ha pasado esto solo esa vez, él vivía enamorado de esa niña. Y me pedía que le enviara frutas para ella también o le daba los lápices porque ella no llevaba, ya hablaba más ya estábamos también de regreso a Terapias, Habíamos estado con una neuróloga que me dio todo de nuevo, ella me dijo que la terapeuta era yo y que yo debía hacer el trabajo en casa porque los médicos y las terapeutas trabajaban con el solo unos minutos y eso no era suficiente, entonces ya el niño había iniciado terapias en Salud total, cita con el psiquiatra un doctor joven, el pedía que el niño no fuera sino dos veces a la semana al colegio, pero yo no dejé porque le dije que el necesitaba estar en sociedad, entre pares, entonces seguimos así, él se peleaba con ese niño al comienzo por esa niña, pero luego terminaron siendo amigos, allí yo estudiaba con él, trabajaba en clase, con la profesora lo que ellas manejaban con la educadora especial, pero entonces en una ocasión Samuel, tuvo un inconveniente, había un vidrio en el baño, él lo cogió y hubo un problema pero la profesora dijo que no pasó nada, pero le hablaron al rector, estaba recién llegado. Cuando yo llegué, me iba a poner a llorar, pero ella me dijo Samuel tiene ángeles porque el Rector tiene un hijo con autismo y entendió la situación y me dijo el nombre del nuevo Rector definitivamente, era uno de los ángeles que nos puso Dios en el Camino porque era el Profesor que me ayudo con mi Tesis en la universidad para graduarme, él era coordinador en el colegio donde yo estudie y me acompaño en el proceso de mi universidad ya que hice mi proyecto con él, él había tenido un hijo un año antes que yo, cuando yo volví a estudiar él me había contado que su hijo tenía autismo, el me ayudo entonces y hable con él. Por otro lado le pedí el favor que si podía estudiar con Samuel los mismos temas y el hablo con la docente le dijo, ella es una conocida es solo un favor, tu sigue con tu trabajo normal ella es maestra también, ella se lleva el contenido lo trabaja en la casa, y tu trabajas normal las clases como siempre hasta donde de el niño, él es un niño que le gusta la ciencia, los dinosaurios y tiene más talentos y sabemos que puede dar más, ese día cuando hablamos con el Samuel había ido a tomar unos libros de la biblioteca del colegio en ese entonces estaba los dinosaurios. La maestra no tuvo inconvenientes pero las coordinadora y otras profesoras se molestaron porque dijeron que me saltaba los conductos. Así mi hijo aprendió poco a poco, nosotros estudiábamos de una a tres, después de almorzar y ya en después de eso yo me ponía a buscar trabajos. Otra historia. Como habían terminado mis ahorros de lo de integración social, ya no me quedaba mucho, seguía en entrevistas, pero el colegio tenía horarios inestables un día salían temprano otros entraban tarde, el dinero se iba acabando, yo seguí buscando pero no salía nada di clases a un niño en unas vacaciones era un niño con dificultades también lo deje leyendo en un mes, básicamente el niño tenía problemas de escritura, en cursiva era en ese código que le estaban enseñando pero el escribía en letra imprenta, entonces estaba repitiendo segundo dos veces ya tenía diez años, y no sabía leer, yo lo que hice fue hacerle un diagnóstico, para saber sus saberes previos, entonces hice un proyecto pequeño para el mes, la idea era que saliera leyendo ya, entonces hacíamos unas actividades en donde le ponía estudiar dos consonantes diarias, al terminar lo ponía a jugar con la Tablet en una aplicación que se llama aprender a leer y escribir, está en la Play Store o en mi Canal. Luego, terminábamos leyendo dos párrafos, él tenía que leer solo, la mamá me dijo pero como va leer si no sabe, le dije, si el lleva estudiando dos años, por lo mismo esos conocimiento están ahí solo hay que repasar y que vaya leyendo de una vez, que salga de ese proceso y empiece ya el resto, dirán pero porque le cuento esto, porque esta experiencia me ayudo a enseñarle a leer a mi hijo, con la misma estrategia. Bueno así lo hicimos y el niño fue leyendo todas las tardes conmigo, y el finalizar el mes aunque llegaba unos días y otros no porque se iba para la calle, lo pasaron por fin a tercero, y la señora a pesar de que solo le cobré cincuenta mil pesos colombianos, le dijo algo al niño sobre el pago, el niño se la pasaba en la calle, entonces le dije que teníamos citas y ellos luego se fueron del barrio. Mientras estuve estudiando con él ponía a Samuel a hacer sus tareas y ejercicios que le ponía. Ahí Samuel todavía estaba flojo de hecho Samuel en primero, no logro mucho solo aprender fonemas. Realmente primero le ayudo fue en lenguaje y comunicación, y ya al finalizar ese año nosotros estábamos regular de dinero, ya mis ahorros se estaban acabando, yo tenía ya lo último me puse a orar estaba escuchando una predica de un pastor Randi Morrison y hablo algo de una mujer abogada que estaba endeudada y no sabía que hacer no tenía dinero, y mencionó algo de páginas. Lo tome para mí y averigüe cómo se hacía una página web compre un hosting y un dominio, puse una página de artesanías hecha por mí, eso fue en marzo y ya luego puse unos anuncios recuerdo que se me había terminado el dinero, Carlos se había quedado sin trabajo la mujer esa también, y no me giraba tampoco, pero salieron mis primeras clientas, ahí fui aprendiendo, luego los ingenieros me escribían que mi página estaba mal, que me la arreglaban, así conocí a uno que me enseño y arregle mi página, al mismo tiempo fui dando clase a dos niños más, no fueron muchas, ya luego mi hermana me dijo que les ayudara en el billar a hacer aseo un rato me pagaban algo, los fines de semana, ya con eso me ayudaba un poco pero no alcanzaba, Sami tenía cesiones de Terapia Ocupacional, terapia de lenguaje y de terapia física porque se caía todo el tiempo, entonces iba en las tardes, eso me quitaba mucho tiempo, iba después del colegio y yo lo recogía a veces más temprano. También iba al Psiquiatra, neurólogo. El trabajo en la casa con Samuel fue más escolar, mi tiempo se lo dedique a sus terapias, llevarlo al médico y no me salió tampoco trabajo, mi última entrevista fue ese año mi hermana me cuido a Samuel, fue en un jardín y me pedían experiencia con cursos no en trabajo con familias y la edad. A pesar de todo el trabajo todavía Samuel era hiperactivo se tardaba en realizar las tareas, sus tiempos era igual cortos y yo le ponía frases pequeñas a escribir, siempre sobre sus intereses, le llevaba su comida porque se ponía inquieto con la leche yo le preparaba un jugo natural, le llevaba al comienzo onces, pero ya cuando me fui quedando sin dinero, nos tocó, eso fue en primero, si lo regañaba no me ponía atención, ya hablaba bien, decía frases y se comunicaba, contaba cosas pero solo sobre sus intereses. Tenía un amigo, con él se llevaban bien, así aunque tenía sus días, al comienzo salía sin apuntarse el pantalón y sin cordones, pero poco a poco, fue aprendiendo, Cuando habían quejas era por cambios, como llegada de mis papás, comida, como chocolates, gaseosa, pescado, o medicamentos para la tos, entonces no le volví a dar ningún medicamento a menos que fuera necesario y solo sufría de rinitis. Entonces solo le formulaban beclometazona o desloratadina. La última vez que tuvo fiebre fue un día antes del paseo de mi trabajo y después no le volvió a dar nada. Ese año 2017 fue complicado para los dos, yo no dormía, me levantaba a las tres de la mañana, preguntándome que voy hacer con quien lo dejo, ya no tenía quien lo cuidará, tampoco me habían vuelto a llamar, mi ansiedad se la trasmitía a Samuel, eso no ayudaba en nada, no tenía mucho dinero me sorteaba para vivir, dios era muy grande y siempre pasaban cosas, con mi página me aparecieron ingenieros ofreciéndome ayuda y pues, así conocí a uno que me enseño, él me dijo que le ayudara a buscar clientes, así lo hice, le conseguí uno el primero fue un cliente de una página para adultos, pero el chico no me dio la comisión y me tomaba el pelo, luego, apareció un ingeniero, esté si yo le conseguí clientes y el me giraba mi parte, así fui ganando confianza, hicimos varios trabajos, luego me contacto un diseñador venezolano que vivía en el Táchira, el me ofreció lo mismo, le conseguí logos, yo seguía con la página de artesanos. No eran trabajos muy frecuentes pero me sacaron de apuros. Samuel se veía con mi sobrina los fines de semana mientras yo limpiaba el billar eso le permitió ser más social hablar más fluido y ella lo ponía a jugar de todo, recordemos que en el autismo no hay juego simbólico, mi hijo solo jugaba a súper héroes, pero Alejandra logro ponerlo a jugar a la casa, ponían en el piso una cobija y jugaban, salían a jugar a las escondidas, iba a ayudar a limpiar mesas al billar entonces fue otra terapia, ya que Samuel no tenía hermanos por parte mía. Fue un año tranquilo, lo único que si me saco de desconcierto fue cuando Samuel empezó a hablar más y me conto que la maestra del jardín lo cogía del brazo duro y que lo agarraba de la camiseta, también me dijo mama, ese jardín donde tú me dejaste cuando era bebe, ese dónde había una tina y una manguera, ahí me bañaron con agua fría. Ya empezó a contar todo, a hablar fluido al escuchar esto no lo podía creer porque todavía se acordaba, si era el jardín de Colsubsidio porque los baños de los niños tenían una tinas botinas como las de las casas, pequeñas y con unas mangueritas. Comprendí que muchos de los problemas de Samuel eran por traumas y otros por el espectro. Pero la verdad no quise saber nada de esta profesión porque inicialmente cuando empecé a estudiar por lo mismo me retire, por un trabajo en el que me pedían coger brusco a los niños. Desde ahí seguí buscando pero la motivación hacia eso se me acabo. Y pues me motive con lo de las páginas web y seguí aprendiendo, termino el año 2017 y yo tuve una primera página de un boliviano para aprobar en Google adense, ese diciembre me gane 100 dólares, que me los pagaron en enero, fue genial me sentí muy bien y continúe con la página de los artesano pero seguía buscando, lo que buscaba era más diseño de logos.

Ya en segundo Yo seguía en los grupos de autismo había uno que estoy segura que todos han escuchado mencionar, yo tome de ahí las dietas y recetas, pero me pareció un poco exagerado, sobre todo lo de las vacunas porque en el caso de mi hijo es genético, El papá lo tiene y yo también, ya les digo más adelante como me di cuenta. En la familia del papá de mi hijo hay varias personas con autismo un primo y el papá de Samuel, en la mía mi papa tenía unos primos lejanos, yo en todo lo que investigue encontré unos libros sobre mujeres con asperger, me encontré ahí, encontré similitudes en lo que viví en mi adolescencia, decía que las niñas con asperger pasaban por tímidas, recordé que hable tarde, que no podía hablar a veces, que me daba miedo, la ansiedad. Eso me ayudó mucho. Al comienzo tuve miedo pero entendí porque me sentí tan distinta porque me hacían bullyng desde la escuela. También soy sensible al ruido, no puedo escuchar dos o tres ruidos a la vez me desconcentra, o si dos personas hablan, soy obsesiva por mis cosas, tener todo al día, los horarios, no me gusta llegar tarde. Nunca perdí ningún año pero tuve dificultad en matemáticas, sobre todo en algebra y calculo. Eso me ayudo a entender que yo también necesitaba poner atención a mis conductas. A entender muchas cosas de mi vida, porque me atrajo Carlos o porque lo atraje porque fue el quien me busco y me encontró. Mis amigas, mi familia y muchas cosas más.

Este años fue muy decisivo para ambos, por un lado Samuel tenía todavía quejas, no era tan frecuentes pero si era hiperactivo yo empecé a tener adenopatías en mi garganta y molestias, alergias, y el a veces me pegaba sin culpa cuando saltaba y no media donde caía, era menores, pero todavía faltaba mucho la dieta sentía que ya no estaba funcionando ya no tenía dinero para enviar las onces. La profesora me dijo que no le dejara ver tantas películas sobre ese tema que le gustaba los súper héroes, eso también ayudo un poco. La niña que le había gustado ya se había ido y ya se llevaba mejor con el otro niño, pero en lectura el no leía ni escribía, sus compañeros salieron leyendo de primero pero el no, el solo se sabía algunas consonantes pero no leía todavía, se trabajaba, en la casa todos los días, planas pequeñas de tres renglones pues sus tiempos seguían siendo cortos, trabajaba de acuerdo a sus intereses, en la navidad anterior una amiga me había regalado un libro del mundo marvel con un reloj, él estaba encantado con el libro y lo fuimos cogiendo para leer todas las tardes, unos párrafos, también, le puse la aplicación de **aprender a leer y escribir** en la Tablet y le ponía los ejercicios, ya luego lo deje de molestar me canse, solo leíamos y veía el libro, de repente empezó leyendo letreros cuando íbamos de camino a la casa, estaba en segundo tenía ocho años, pero fue casi llegando a mitad de año escolar, de hecho cuando hicimos el trámite de la tarjeta le pusieron que no escribía, aunque ya estaba leyendo, el todavía no escribía, solo escribía palabras pequeñas, la profesora al ver que él ya sabía leer lo pusieron a leer en la clase ya la profesora lo fue integrando a las actividades normales. En ese año yo seguía en el billar porque no me salía nada más y hacia lo de diseño para los chicos. Siguió en terapias, en ese entonces creo que tenía afición por el Zorro, sus fijaciones variaban cada año, pero al finalizar este año había tomado una nueva era Sonic, por unos video juegos, cuando fue Halloween se quiso disfrazar de Sonic pero no teníamos dinero y tampoco existía, no había nada sobre ese juego. Hacia dibujos de Sonic, figuritas en plastilina, le mostraba al Psiquiatra sus figuritas y él les pedía siempre qué les llevara un dibujo, también nos remitió a psicología porque comía Papel, se comía la ropa, las camisas las trituraba con los dientes, sobre eso el sufría de bruxismos, que por la ansiedad le dolían los dientes y los chasqueaba y tenía que mandarle hacer unos retenedores pero eran muy costosos. Por eso sus dientes se estaban torciendo en especial uno que salió desviado.

 Finalizando ese año, ya Samuel leía bien, pero tenía algunas quejas, llego el mes de octubre recuerdo, que encontré unos audios sobre hipnosis para ansiedad, y encontré un doctor de España su Canal en YouTube se llama, **Clínica UYC hipnosis clínica directa**. Son meditaciones de hipnosis guiadas, tenía varias para la ansiedad y dos para hipnosis para la eliminar hiperactividad en niños, algo así era el título, empezaba con una historia de Hipo, en forma de cuento, donde era un niño que todo le salía mal porque era muy travieso y no se podía quedar quieto, ahí contaban la historia y luego seguía con la hipnosis que nada más con escuchar la voz del doctor nos dormíamos, las hicimos las dos, durante un mes, todas la noches, nos acostamos temprano a las 8;30 y lo poníamos, dormíamos como bebes, a mí me quito la ansiedad, después de eso, no volví a despertar a las 3 de la mañana, y también me relaje en lo económico, no volví al billar y empecé a trabajar más en las páginas, Samuel no volvió a requerir dieta después de eso, también las quejas cesaron en un mes, era increíble, pero siempre se lo atribuí a ese doctor, si ustedes lo utilizan tan va a ver que es verdad, que muchas mujeres le escriben en los comentarios a los videos que ha quitado la ansiedad, ahora cobra pero le pueden escribir con el título y él les ayuda, no sé cuánto cobra pero yo lo pagaría, fueron una bendición y estaban gratis, ahora solo hay unos dos, pero no son iguales, con solo con escuchar su voz, ya sientes paz. Este fue mi más grande descubrimiento. Con el autismo y la hipnosis, no he hecho nada más hasta ahora los retomo un poco, pero escuche de que la hipnosis ayuda a reprogramar nuestra mente. Es una maravilla entonces lo recomiendo no es costoso y está a la mano en internet. Bueno eso le ayudo a bajar la ansiedad pero más que todo la hiperactividad. Aunque seguía con sientas manías como aleteo o movimientos con sus dedos, también él siempre se acurrucaba después de bañarlo y no se demoraba mucho, tampoco podía bañarse solo, pues, cuando lo hacía se quedaba catatónico, quieto y no se bañaba y se nos hacía tarde entonces yo le ayudaba. Nos levantábamos temprano pues entraba las siete yo me levantaba desde las 4:45 para calentar el agua ya que no le gustaba regadera. Ese año ya fue más tranquilo con algunos altibajos económicos y ya no volví al billar me inscribí en un programa un proyecto pero no recibía respuesta aun, yo seguí con lo de las páginas y había puesto un anuncio me salió un cliente de panamá, con el hice otra página web, me fue ya mejor y me sentía más tranquila, también había aprendido lo de la madera, también hacia bisutería, hacia camándulas, pulseras y trate de vender algunas en una iglesia, pero no me fue bien, igual luego las vendí a un señor. Seguí aprendiendo cada día más cosas, en cuanto al papá de mi hijo, él se había separado de la última mujer, lo habían echado y vivía ya más cerca de nosotros, pero no me volvió a dar nada de dinero. A duras penas me daban 20 mil pesos, cuando podía, ya yo estaba en eso sola, ya no lloraba me había fortalecido más empecé a tratar de vivir cada día, de resolver cada cosa, los recibos era poco, no pagábamos arriendo, entonces disminuí los gastos para centrarme en Samuel, solo pagaba el internet y esté se pagaba solo. Al regresar de vacaciones, Ya para tercero, le cambiaron a la maestra y le toco con la que no lo quiso aceptar, pero le fue bien con ella, lo único fue que ella no me dejaba trabajar lo mismo y ya Samuel se desintereso de las matemáticas estas se las dictaba otra profesora la que no lo acepto en el otro salón, no congeniaron y ya no quiso le cogió fobia o nos sé porque antes de eso lo de matemáticas era lo único que hacia rápido. Y bueno yo seguía tratando de hacer lo mismo o repasar pero la maestra no me dejaba y se molestaba, entonces también tuve otro detalle es que ella me pidió todos los cuadernos, luego me cambio que llevara solo uno, así hablaba con la educadora y se volvía a trabajar, pero otra vez después de unas semanas volvíamos a lo mismo, era complicado, de igual manera la profesora era muy amable con mi hijo y conmigo también. Pero yo quería continuar con el trabajo y ella no me lo permitió y deje así al final, pero el niño se atrasó en matemáticas, leía, pero no escribía, solo escribía líneas que se torcían y le daba de un extremo y terminaba sobre la primera línea del cuaderno. Yo continuaba le ponía planas cortas, también le pedía que escribiera, sobre Sonic trozos cortos, historias y él lo hacía,

En terapias le trabajaban trazos, actividades de colorear, se secuencias, de razonamiento abstractos, en lenguaje le ponían ejercicios con la lengua, trabajos con las palabras, pero Samuel ya estaba hablando a la perfección es más empezaba a corregirme, en Fisiatría lo ponían en la maquina caminadora, le ponían una pelota en medio de las piernas pero como no podía sostenerla por su sensibilidad me pusieron a hacerle trabajos con texturas, que caminar descalzo, que le pusiera cosas gruesas, telas que fueran suaves, planas, ásperas.

En marzo me llamaron de éste proyecto y nos dieron una ayuda y eso nos sirvió mucho, en casa, ya deje que Samuel hiciera lo que la profesora enviaba y yo trabajaba en la tarde, empecé a conseguir trabajos en internet para empresas prestando ser vicios de páginas web y diseño de logos, algunos los conseguía por una página de anuncios, otros por Facebook y otros por una plataforma que es de paga pero me permitía en ese entonces trece ofertas gratis de freelancer. Conseguí varios por ahí, que me dieron dinero. Samuel tenía un amigo que era muy parecido a él e hicimos equipo con su mamá y ella me daba información sobre los trabajos, salíamos, jugábamos con ellos incluso compartieron en su cumpleaños, éramos más sociales y salíamos bastante no permanecíamos casi en casa, le encantaba ir a la biblioteca y allí realizaba talleres. Trataba de gastar poco, iba a todas sus terapias. Ese año también hicimos camisetas de Sonic por idea de Samuel, pero no nos salió bien porque no teníamos el dinero suficiente y la persona que lo coció nos terminó mal algunos y perdimos algunas pero se vendieron muy bien. En ese momento su afición era la de los video juegos de Sonic y quería todo de ese anime, Ese año no hubo muchos cambios, termino su año normal y paso a cuarto para dos mil veinte unos meses antes de que iniciara la pandemia, fuimos a cine fueron unas de nuestras últimas experiencias en la calle antes que todo iniciara, antes de pandemia visitábamos a nuestros familiares, mi familia se reunía en casa, teníamos vecinos donde íbamos a tomar café. Cuando empezó año empezamos con futbol pero Samuel se caía, lo molestaban o no querían trabajar con él. Llevábamos dos semanas en futbol cuando llego el primer caso de covid a Colombia en febrero, luego se esparció rápidamente, como después del 18 de Marzo se suspendió todo y ya no pudimos volver a salir, para Samuel eso fue terrible, para mí económicamente no tanto, al comienzo tuve miedo. Pero ya trabajaba virtual, llegaron ayudas que por ser madre cabeza de familia me beneficiaron, me salieron clientes que no sabían nada de internet y pedían que les enseñara, de manera virtual por plataformas podía enseñar, me salió un cliente muy amable un Mago, pero lo más duro fue para el niño que estaba lidiando con el estrés de no ir a su colegio, le enviaban sus actividades a la Casa, las realizamos, pero eran muy pequeñas, encima inventaron un paro de maestros en Colombia en plena pandemia que duro como más de un mes. La educadora especial envió talleres para hacer a Samuel pues taba muy deprimido, decía que para que lo había tenido si no podía ni salir, no podía llevarlo a comprar, era estresante para mí, la primera vez que lo tuve que dejar solo, me escribió que si podía ir al baño pero yo no tenía datos en mi whatsapp y no le respondí, fue al baño hasta que llegue afortunadamente no me tarde mucho, así muchas veces, yo lo dejaba en el computador, entonces lo deje usar la tecnología más frecuente pues antes teníamos horarios. En junio tuve un cliente de estados unidos, me pago muy bien, compre un celular nuevo, vino el covid en mi casa le dio a mi hermano, luego me dio a mí, pero me concentre en casa viendo Novelas Turcas para no pensar y no preocuparme ni tener pánico. A Samuel no le dio nada solo un poco de malestar el primer día. Afuera las noticias eran horribles de adultos muriendo, tuve problemas con un vecino por no querer ir a su casa a ver una humedad. Yo acataba las órdenes de los organismos de control de salud de mi país. Estaba en la primera etapa contagiar a alguien tenía cárcel. Y bueno todavía no me hablan el señor era diabético y era más peligroso si lo contagiaba, a mis papas no los pidamos ver porque no se podía salir de la ciudad. Era terrible pero entramos en otra etapa, nos empezamos acostumbrar a esa soledad, a no salir, Aquí también hubo ese año problemas de disturbios los siguientes meses, entonces rompían vidrios de buses, yo no había salido para septiembre el cumpleaños de Samuel, salimos la semana siguiente comprar ropa, en eso que se rompe un vidrio en un alimentador donde iba con el niño y me cayó el vidrio a mí al niño no le paso nada, pensé que estaba bien y seguí y me baje, cuando llegue a mi casa normal me limpie. Al otro día me sentí mal mis ojos se hincharon y se pusieron rojos sobre todo mi ojo izquierdo no sabía qué hacer, el lunes siguiente me tuve que ir a urgencias dejando solo al niño y me dieron una gotas y que no tenía nada, pero seguía igual me remitieron al oftalmólogo y me dieron unas patillas pues era un hematoma en la cabeza por el golpe y eso me provocaba cefalea, ya luego empecé a tomar pastillas pero lo que me desinflamo fue una crema y el tiempo porque dure así casi un año, no podía trabajar los primero dos meses y tampoco ayudar a Samuel con sus tarea, entonces las profesoras cerraron las actividades de Samuel que ya había terminado ya estaba terminando octubre. La luz del computador me mareaba y afortunadamente tenía dinero guardado del cliente de estados unidos. Así terminamos ese primer año y yo me quede en casa en navidad y le hice una cena estupenda a Samuel solos los dos con la mesa decorada. Hicimos colombinas de chocolate y nos fue bien. Así cerramos el año. El dos mil veinte no fue la excepción, no les dije que las terapias se habían suspendido las enviaban virtual, el futbol también, Ya salíamos un poco más pero con tapabocas, el colegio virtual, las profesoras no querían regresar y se posponían, Samuel estaba en quinto y como de entrada tuve un inconveniente o más mal entendido con la profesora, pedí una reunión virtual y se me dio permiso para que el niño viera todas las meterías igual que Samuel, yo le dije a la coordinadora de primaria que Samuel iba a ingresar a bachillerato y allá se le iba a exigir más y necesitaba más autonomía de su parte y que escribiera, entonces se acordó que veía lo mismo que los demás niños, lo que no alcanzará lo ajustaba la educadora. Ese año si me puse a la tarea de trabajar con

Samuel nos encerrábamos a hacer la guía que enviaban las profesoras para la semana, se enviaba por Classroom todos los viernes, entonces en ese sentido aproveche la pandemia para trabajar todos los días en la dificultad más grande la escritura y se tardaba mucho incluso sus escritos eran terribles volteaba la letra, los números los confundía, tenía síndrome del espejo, dislexia, en fin trabajamos en esas dificultades y terminábamos a veces a las ocho de la noche. Volvió a terapias en marzo los sábados, solo ocupacional. En futbol no continuo ese programa se aplazó por falta de participantes. Como era virtual no era lo mismo y Samuel no quería realizar esas actividades, no le gustaba nada donde lo tuviera que grabar, incluso tengo una página de Facebook y él no me permite subir sus fotos, solo he subidos pocas sin que se vea su rostro. Algunas tareas de danzas de ese último año de quinto de primaria fueron difíciles por lo mismo.

En las actividades habituales como bañarse y cambiarse que le eran difíciles para ir al colegio se dejó que se vistiera solo y se bañará aunque se tardará, a veces se congelaba y se quedaba catatónico en el baño pero con el tiempo se fue trabajando y se le fue quintando.

En cuanto al padre de mi hijo hacia años se había separado de la última mujer con hijos que tenía y se tuvo que ir a vivir con unos tíos, para cuando empezó la pandemia estaba igual que nosotros y vivía cerca pero no nos colaboraba en nada, según él dormía en el sofá de su abuela, solo nos daba algo de dinero de vez en cuanto pero no lo acordado en la comisaria de familia. Él trataba de llevarse mejor con nosotros a veces cuando nos encontrábamos trataba de acariciar al niño pero él no se lo permitía, le reunía, después de lo del vidrio y que él no me ayudo yo también estaba un poco seria con él, ni hablaba mucho con él. En las relaciones sociales, por el covid dejamos de vernos con muchas personas, amigos, hermanos, vecinos, ya se volvió normal.

Samuel en sus actividades hacia todo normal, algunas profesoras solo le preguntaban cosas, otras lo incluía igual. Yo siempre preferí que se le exigiera más. En cuanto a sus citas siguió con psiquiatría pero el psiquiatra se fue y ya no había, solo lo veía una psicóloga, cada tres meses, mientras nos remitían a otra. En cuanto a mi salud yo me había hecho una ecografía de garganta y tiroides, habían encentrado es años dos quistes muy pequeños. Pero el doctor había dicho que era algo sencillo y que no me alteraba nada, entonces deje así, luego no dijo nada del ganglio que tengo en mi cuello, decía que era muscular y por mis dificultades para respirar y mis alergias a alimentos y que se cerraba la garganta decía que era hipocondriaca pero ya se empezaba a manifestar la raíz de todas las cosas que me pasaban en ánimo y salud nos levantábamos desde las seis se la mañana, nos bañábamos, luego hacíamos oficio el asistía a sus clases virtuales que duraban como dos horas y el resto lo estudiaba conmigo en la tarde. Así eran todos los días. Los sábados en terapias cada quince días.

En cuanto a mi trabajo seguí con el mago en clases, me salió trabajo por la plataforma, para una página y la tuve que hacer yo misma porque la persona me quedo algo mal, me pagaron bien, pues comprarle las cosas a Samuel, También hice una página para un laboratorio, algunos diseños de logo que salieron, otros clientes viejos que me buscaban a veces para cosas sencillas, nos trabajos de redes sociales y marketing.

Para finalizar los años casi para octubre debieron regresar a clases, la última psiquiatra que lo vio dio la orden que el niño debía estar entre pares, emitió un certificado. Ya que la profesora dijo que Samuel como era inquieto y por el Covid 19, mejor que no regresará, entonces yo hablé con las psicólogas del colegio y dijeron que el entraba normal, también en ese lapso se trabajó unos cuadros en lienzo que hicimos en casa. Como eran los últimos días, yo ya me había acostumbrado a él, me daba nostalgia cuando se iba, ese mes fue económicamente un poco pesado pero pude sobre llevar las dificultades, me salieron unos logos y en el bono me cambiaron a otro tipo ese mes no me llego me llegaba hasta el siguiente mes, el chico venezolano me ayudaba bastante cuando conseguí clientes pues yo le pasaba trabajo y el los realizaba y yo ganaba mi comisión.

En el colegio se celebró su ultimo Halloween con sus compañeros, no se disfrazó pero si bailo, tenía unos amigos uno en especial con el que se pelaba por la niña cuando llego al colegio, su otro amigo se trasladó después de pandemia y muchos otros niños se mudaron con sus familiares a otras ciudades por la crisis económica, las señoras con las que nos hablábamos antes de pandemia ya no nos hablaban, entonces empezamos de cero, cerro su ciclo con primaria, terminado noviembre termino como el 11 de su colegio porque no debía nada. Finalizando mes nos entregaron todo y le dieron menciones de honor por esfuerzo y superación personal. Ese mes nos fuimos en diciembre con mi familia en navidad porque mi hermano nos llevó, porque costear el traslado a otra ciudad o tener dinero para comida, pasajes terapias, aunque no es mucho. Pero Samuel continuaba con sus terapias. Teníamos muchas expectativas sobre bachillerato porque ya me habían dicho que era muy estricto.

CAPITULO CUATRO
BACHILLERATO E INDEPENDENCIA

Ese enero esperamos hasta que publicaron la información de cuanto entraban, me preocupaba que el niño no hacía mucho y los últimos meses no le trabajo casi a la profesora, ella le dio fe unos libros ′para colorear. Ese primer día como era la bienvenida para los niños de sexto a la otra sede, les hicieron una actividad con los niños de once, ese día los niños de necesidades especiales, entraron normal como todos, pedí ver a la educadora especial pero no me fue posible ya que ella tenía gripa y era prohibido en ese entonces asistir si tenían algún tipo de resfriado. Ese día para mí fue la locura, cuando salió mi hijo, él no decía nada él no decía con quien tenía clase, en que aula había quedado ya que eran tres sextos, el no dio razón y la profesora me dijo yo soy la profesora de él, se presentó, ella no sabía que mi hijo tenía un diagnóstico, nadie le dijo, por lo que yo me incomodé y dije pero como así donde está la educadora especial, ella no estaba me explicaron, luego el psicólogo me dijo aquí su hijo va hacer lo mismo que todos, aquí nadie lo va recoger si se cae nadie va estar pendiente él tiene que defenderse solo. Me dijo aquí casi todos le pagan unas clases extras con profesores a sus hijos para que les ayuden porque es pesado para ellos. Entonces yo le respondí que yo era maestra y me había quedado con él para enseñarle, él me dijo es bonito pero lo mejor es que lo haga otra persona mamá porque ellos no actúan igual con los padres a cómo actúan con un maestro privado. Yo le dije que si tenía para darle clases no tenía para llevarlo a terapias que nuestros recursos eran muy pocos por el tiempo y las actividades que hicimos para poder estar pendiente de su educación y sus rutinas, él me dijo que tenía que hacerse el esfuerzo. La profesora, por su parte les dijo a todos los profesores lo de Samuel sobre su diagnóstico, yo les dije que él no escribía mucho que había que tenerle paciencia porque se tardaba o escribía máximo un párrafo. Así esa semana fui discutiendo con la profesora de español pues ella me le iba a cambiar la letra a letra cursiva y el niño solo escribía en mayúsculas un solo código, yo le dije si se la cambia le daña el proceso porque él se confunde y no va hacer nada. Él estaba muy contento en su nuevo salón los niños lo aceptaron bien y estaba con los más pequeños. Con la educadora especial nunca me llamo nunca me cito, no hubo reuniones como en la otra sede de primaria que nos hacían y nos pedían compromisos, yo le lleve todo por mi cuenta y le explique el caso de Samuel, sobre la letra y sus dificultades, que su fortaleza era tecnología, el diseño, que sabía trabajar en Photoshop e Ilustrautor, que le gustaba editar. Le hice el recuento de toda su vida.

A parte el colegio estaba empezando obra y lo estaba arreglando no había baños, solo iban unos días, el resto le tocaba en la casa. Entraban más temprano entonces nos levantábamos desde las cuatro de la mañana, pero otras veces ingresaba a las 9 y salía a las 12, así eran todos los días mientras terminaban la obra. Porque no había espacio. Así se le dificultaba más las actividades porque todas debía que trabajarlas en la casa, por tanto nuestras tardes estábamos todo el tiempo sentados haciendo tareas, si me paraba él se distraía, como siempre me sentaba y el las realizaba o yo le dictaba y le ayudaba a buscar en mi celular los conceptos. En ingles curiosamente le fue muy bien y solo no le apoye en nada, en sociales se le dificultaba mucho por la escritura y por los textos pues no realizaba nada de escritos o resúmenes, En matemáticas la profesora directora de curso le daba esa área y ciencias, por ese lado todo iba bien, pero yo le colaboraba con matemáticas, el no realizaba ejercicios muy grandes, sumaba y restaba pero no multiplicaba, las tablas de multiplicar se le olvidaban rápido siempre las repasábamos en vacaciones. Pero como tienen mala memoria a corto y largo plazo se le olvidaba todo. Esos primeros meses la profesora directora de cuero me ayudo hablando con todos los maestros, para que le ajustaran, aparentemente creía que todo iba bien, pero la profesora directora se fue, yo me estaba agotando como el colegio queda retirado madrugábamos mucho y me tenía que quedar esperándolo, porque no era mucho lo que se quedaba y me iba a la cafetería, porque si me iba para mi casa a la media hora debía volver a salir, cuando era más tarde, me iba a la biblioteca y adelantaba trabajo desde ahí. Otras veces subía, lavaba la loza y me volvía a bajar. El tiempo no le daba para nada más y trataba de conseguir trabajo en la tarde, ese mes pague una membresía en Freeelancer, pero no me salió nada, porque estaba tan enrollada con lo de Samuel, no recuerdo como hice con lo económico. Estábamos con lo del dinero del bono social, eso lo rendía, Algunos trabajos de diseño se cayeron con un mexicano. Unas sillas que ayude a vender a una amiga, unos logos y otras cosas. Me quede sin diseñador y me fue más duro, el chico que me ayudaba con las paginas se había ido a estados unidos por el Hueco, entonces me quede sola, no hubo mucho trabajo y como estaba ocupada no me salía mucho. En mayo hubo la primera comisión de evaluación del colegio de Samuel es donde se hablan de las notas y las problemáticas de los estudiantes, como yo me ofrecí a ser representante me citaron, en esos días llego la nueva profesora de Samuel que olvido citarme y me llamo cuando estaban en plena reunión, yo no conocía mucho a la coordinadora, ella me reclamo por llegar tarde, empecé mal ese día, por ese lado no por culpa mía, no sabía nada de eso era la primera vez, técnicamente yo vivía con Samuel todo lo del colegio y ese año fue el más pesado de todos, porque regresaban de pandemia, con miedos, los chicos con problemas de tolerancia, en fin. Sin embargo en lo convivencia todo iba bien, ese día iniciaron hablando de una niña de otro salón que había estado con mi hijo dese el jardín, ella era una niña Down el colegio es distrital pero atiende población con discapacidad como lo explique anteriormente, esperaba que todo fuera como en la otra sede choque, ese día hablaron del caso de la niña, la niña estaba nula no escribía, los profesores no la querían atender que no sabían que ponerla a hacer, que él no debería estar en ese colegio porque no era pato para ella, yo pregunte pero este luego no es un colegio de inclusión que atiende población de necesidades especiales. Entonces un profesor se molestó me leyó una ley que el colegio no tenía las adecuaciones necesarias y que hablara con el rector, Teniendo en cuenta esa reunión que los profesores se molestaron por lo que dije y dijeron que ellos no eran educadores especiales, hable por todos los chicos. Justo al otro día fui a hablar con el rector para pedir ajustes en matemáticas y en sociales ya que vi lo que dijo la coordinadora que ahí todos los niños con necesidades educativas perdían igual no se les aguantaba según ella ellos debían tener unos mínimos. Entonces el rector me explico que a mi hijo se le había evaluado mal en la otra sede y que si se perdía aunque le ajustaban que tampoco debí pasar estando así en matemáticas. Ya que yo le recalque con lo dicho por la coordinadora me preocupaba que mi hijo perdiera matemáticas y sociales, el llamo a la educadora espacial y le pidió una copia de PIAR es el plan de ajustes y me cito para hacer una acta. Hasta ahí todo quedo acordado. Unos días después me llamo el secretario del colegio porque la representante había renunciado y era empleada en el colegio y siempre quedaba de representante porque nadie quería participar, me pidió si yo podía ser representante al consejo directivo del colegio, entonces acepte. Pero a Samuel le cambio todo en el colegio le pusieron más trabajos por haber intervenido a defender a esa niña, yo hable con la mamá y le dije que fuera al dile que es el lugar donde se regula todo a nivel local con respecto a educación. Ella no me hizo caso. Bueno ya con Samuel tenía problemas porque le ponían en sociales muchos mapas, y trabajos y el tardaba mucho en hacerlos yo terminaba agotada. Así duramos varios días, un día fue a recoger una prueba de Samuel de la profesora y ella le estaba evaluando a Samuel multiplicación y esto no se le podía evaluar ya que el solo sumaba y restaba, se había quedado que se le ajustaba solo eso y que él iba a estudiar para preparase para multiplicar. Entonces se le decía a la profesora que estaba haciendo el reemplazo y ella decía: eso no es conmigo y no entendí nada de su labor ni de los ajustes, ya la segunda vez en una evaluación ya casi terminando volvió a suceder y en los cuadernos también ejercicios con multiplicación y nada de lo que se había hablado, en sociales unos trabajos sobre aborto en donde se les obligo a que respondiera sobre que pensaba sobre el aborto a los niños se le puso a hacer una ponencia sobre porque no estaban a favor del abierto y a las niñas por el sí. Este escrito para un niño que tiene autismo que no escribía, con un tema que él no entendía. Sumado los mapas que duraban horas haciéndolos, entonces me queje con la coordinadora, además que se sumó la queja de una mamá que tenía un hijo sordo y no le ajustaban nada, Samuel tenía la ventaja que yo le ayudaba en casa pero estos niños no, la madre del niño estaba preocupada porque el niño ya iba perdiendo materias y que la profesora de sociales le ponía cero porque no sabía responder, si él no podía hablar bien, por su problema de audio. Yo fui a quejarme por el mío porque el PIAR plan de ajustes no se ajustaba a lo que el niño estaba realizando, ni tampoco se estaban respetando lo que habíamos acordado con el rector. Entonces puse dos quejas una en el Dile en la secretaria de educación y otra en una aplicación de la alcaldía Bogotá te escucha, ya terminaban el primer semestre y me tenía que esperar a que regresaran del colegio para la respuesta. En cuanto al consejo Directivo tuve mis primeras reuniones con el rector y hasta el momento todo iba bien solo que los maestros peleaban por la entrega de la obra y que los niños volvieran a la normalidad. El primer periodo Samuel entrego todo pero al final le faltaban trabajos que enviaron para que los terminara, los del segundo yo estaba muy atenta a los cuadernos y programaba cada actividad, estábamos de domingo a domingo realizando trabajos. El los hacia solo pero yo me tenía que sentar con él, sino se distraía y no terminaba.

Así en vacaciones yo conseguí desde mayo unos trabajos para unos blog de Google adsense, unos chicos de la costa y ellos me pagaron y me trajeron más clientes, con eso me sostuve y compre algunas cosas que hacía falta entonces estuve trabajando, y Samuel a mi lado estudiando y haciendo sus trabajos.

En mi profesión había un concurso docente pero desde ese momento el dinero que tenía lo invertí en mi página web, no compré el pin y renuncie definitivamente a la idea de ser maestra. Me dedicaría a trabajar y aprender más sobre esto, para enseñarle a Samuel y tener una empresa donde Samuel se pueda dedicar y no tenga que buscar oportunidades como nosotros, tocar puertas.

Así paso el mes y regreso al colegio el rector me respondió y acordó que el niño iba a estudiar con la Docente de apoyo y con la Psicóloga matemáticas y que Sociales ya se había hablado para hacer unos ajustes, al comienzo si los hizo pero luego ya ella dejo normal, lo demás el rector lo cumplió, en lo medico Samuel seguía asistiendo a Psicología y terapias, estaba pidiendo Cita para psiquiatría pero no había, tuve que pedir cita con pediatría para que me diera de nuevo las ordenes, este lo vio en agosto y me dio órdenes para el Homi en psiquiatría y para neurología, estaba pidiéndolas meses y no respondían.

Con los ajustes que le hicieron ya se le facilito más y así termino el segundo trimestre ya me entendí más con los maestros, terminamos todo bien, se entregó la obra los niños iban todavía unos días y otros no, en casa todo normal yo con mis trabajos y tratando de terminar y aprobar esos blog, unos si se lograron aprobar, otros no por los cambios que después de pandemia realizo Google. Esto me trajo problemas, pero seguí trabajando. Con el papá de Samuel hablaba muy poco solo una vez al mes, así termino el año escolar, teníamos programada la cita de psiquiatría para diciembre y la de neurólogo para Enero de 2023. En terapias lo habían soltado cuatro meses porque completo 24 cesiones seguidas, entonces le dieron vacaciones, teníamos que pedir cita con medicina general para nueva valoración la tuvo los primeros días de noviembre y agendamos terapias para los primeros días después de enero. Samuel termino año con dos menciones de honor una de la educadora especial por esfuerzo y la otra normal por rendimiento académico, ese año fue un reto para los dos, el aprendió a trabajar en clase tratando de no distraerse, se esforzó aunque se le dificultaba y logro superar a muchos de sus compañeros. En informática la profesora le enviaba cosas más difíciles y superaba a todos era el primero de esa área, terminando casi con 100 en la materia. Pese a sus dificultades en sociales y matemáticas él se esforzó y trabajo sus mapas solo, sus ejercicios si tenía que revisarlos. Pero los demás lo hizo solo como mencionaba yo solo organizaba y estaba al tanto que no se distrajera, pues se distraía así fue con sus propias manos y sus dedos.

En diciembre se me complico mi economía, después de post pandemia las cosas no eran iguales que antes, los trabajos en diciembre en lo que yo hacía quedaban parados, tenía un cliente chileno pero me quedo mal muchas veces y creo que busco otra persona, el dinero que tenía era lo último de un trabajo ya aprobado de Google que me habían pagado, una bicicleta de Samuel que ya estaba pequeña que logre vender, en fin por completar el año nos habían quitado desde octubre el apoyo que nos daban, así que estaba regular, igual me calme, estábamos solos en casa, no salimos mucho acepto a la cita con Psiquiatra ese día le dieron regalo de navidad a Samuel allá es un Hospital muy bonito atiende también población de niños con Cáncer, allí hacen varias actividades, cuando nos llamaron entramos con la Psicóloga que no le agrado a Samuel mucho no le habló y ella lo medico vio los conceptos del neuropsicología con quien habíamos tenido cita en Febrero en donde le dio un coeficiente intelectual de 89 leyó que tenía problemas de atención y dijo que tenía la solución con el medicamento Metilfenidato ósea Ritalina, en ese momento yo todavía no tenía claro cuál era. Me dio la orden pero cinco días no tenía mucho en pasajes esperé unos días y no me lo dieron, para tomar ese medicamento debía hacerse un examen del corazón. A parte de eso ella no dijo nada dijo fue una consulta normal él le hablo de los que le gustaba en ese momento gotzilla y ella sabía del tema y le preguntaba cosas que yo ni entendía.

Nos dio orden para dentro de tres meses y eso fue todo. Nos quedamos el resto del mes en casa, en navidad no hicimos mucho yo prepare algo sencillo porque no tenía mucho dinero, tampoco fui a donde mi papá por lo mismo, así terminamos el año. Termine con mucha ansiedad por lo económico, tuve que llamar al papá de Samuel para ver si me podía dar el dinero antes y finalmente se retrasó y me lo dio como hasta el 1 de enero, al final pasamos todo bien sin pasar ninguna necesidad inmediata, solo comimos más sencillo de lo acostumbrado, el me giro el 2 de enero, en ese entonces ya había hecho un acuerdo de charlar más empezamos a chatear y hacernos amigos de nuevo, eso me distrajo, Samuel estaba distraído con un computador que le había dado mi hermana. Entonces no me ponía atención, por eso me puse hablar con él y charlábamos dije él está solo y nosotros también, entonces charlábamos a ratos y eso me hizo acercarme más. Aunque nos peleábamos. Todo el tiempo pelábamos, enero fue duro pero hablar con él me hacía olvidarme de lo económico y que antes del 15 de diciembre era muy difícil conseguir clientes todo estaba solo, ya cuando pasaron esos días ya me llegó un cliente, empecé a trabajar, empecé a trabajar mi mente emocionalmente sin preocuparme y las cosas se dieron de una manera rápida. Por fin respiré, Tuvimos cita en Neurología y o sorpresa la Neuróloga le envió un montón de exámenes, Un encefalograma, cita con el neurobiólogo para realizar nuevamente las pruebas Cognitivas, le envió cita con Fisiatría y con Genética pero en genética como menciono siempre ha sido imposible. Me quede así incierta porque no tenía idea a qué hora y cuando iba a realizar todo eso. Por mi lado pedí cita para medicina general, me toco mi cuello y mis senos y me enviaron dos ecografías una se senos y otra de Tiroides y tejidos blandos porque le sintió que tenía otro quiste u otro bulto en mi cuello. Me hice rápido la ecografía y me la entregaron rápido cuando la leyó me toco cambiar todo, tenía un nódulo tiroideo complejo a parte de los quistes que ya me habían salido y me remitió con el cirujano. Que lo más probable era operar. Tenía también un dolor en la pierna y ya me asusté y hablé con el papa de Samuel y tuve que mantener más contacto pues lo más probable era operar. Tenía también un dolor en la pierna y ya me asusté y hablé con el papa de Samuel y tuve que mantener más cercanos en caso de cualquier eventualidad o de requerir intervención.

En abril tuve cita con el cirujano y me remitió al cirujano de cabeza y cuello y me envió una biopsia y un tac, el tac los hicimos con el papá de Samuel el me acompaño a pesar de que estábamos molestos, estaba serio y llegó tarde como siempre y Samuel se quedó en la sala mientras me hicieron el tac, en el no salió nada, para biopsia tuve que esperar ya que no tenía el dinero y debía pagarlo ya había pagado el tac y no me cubría todo la EPS. Así trate de apresurarme, con los trabajos que tenía para poder pagar esto me faltaba una página web con un mexicano que me había salido en Marzo, hicimos una página para el de motos, una de un motel, y una de hamburguesas pero la del motel no me la pagaba por eso, me tarde en hacerla y tuve inconvenientes con ese pago hasta que finalmente tuve que ceder y dejar así, llego septiembre y el señor nada que pagaba. Elimine ese trabajo y seguí buscando más clientes.

Finalizando Enero de ese mismo año Samuel inicio el colegio en esté se pretendía trabajar en independencia, por lo cual yo dejé que el trabajara completamente solo, el alistaba su maleta solo, cuando llegaba del colegio no le revise los cuadernos durante ese primer trimestre, ya que el colegio divide todo el año en tres trimestres. La nota para perder es inferior a 65 y la nota superior es de 100, en ese lapso no vi problemas con Samuel trabajo normal hizo sus cosas solo, en algunas áreas me dijeron las profesoras que se le había quedado el cuaderno en inglés y en Ética, pero yo les respondí que es parte de su aprendizaje ya que todos aprendimos así, él tenía que adelantarse en la siguiente y me dijeron que estaba muy bien, siguió en terapias, en ellas le dejaban actividades que la verdad ya no le agradan mucho y en algunas se le olvido realizar las tareas, me regañaron que tenía que estar pendiente le dije lo mismo de la indecencia pero la terapeuta no lo entendió. En las tardes cuando llegaba yo solo le decía que hiciera sus tareas, el las hacía y yo trabajaba en mis cosas y como tuve los de las páginas web del mexicano estaba ocupada. Así termino su primer trimestre bien le fue muy bien pero ya finalizando me llamaron que le faltaban algunas actividades, estas ya eran del segundo trimestre. En semana Santa compramos un pescado era mojarra pequeña, después de comer eso, ambos nos pusimos más débiles y enfermos, él estaba todo el tiempo cansado y yo me sentía muy débil, en sus trabajos llego sin nada se atrasó, hasta el punto que cuando el veinticinco de mayo tuvimos la cita con la Psiquiatra ella siguió con la medicación, dijo que lo veía muy dormido, la cita fue tarde, nosotros nos levantamos a las 4 de la mañana, y la cita era a las 5:25 lo cual ese día salimos a las 6:00 Pm demasiado para él, se colgó en algunas cosas, yo iba todas las mañanas con la educadora especial a peguntar si debía algo y ella no me averiguaba después de hablar con la psiquiatra yo le pedí al otro día un informe sobre cómo lo veía en el colegio y si había necesidad de medicarlo en el colegio pues ellos eran los que trabajaban con él y la psiquiatra le formulo ritalina, para tomar dos pastillas una en la mañana y otra a las 10 en el colegio. En ese momento yo no sabía que era metilfenidato. Le pregunte s una maestra de ética si Samuel iba bien con ella me dijo que bien, le mencione ese medicamento y lo que había dicho la psiquiatra y ella dijo a eso es la ritalina eso es para la hiperactividad Samuel no necesita eso, Llegaron las vacaciones y una de las maestras envía el listado de los chicos que le debían, y Samuel debía casi todo, la maestra no me dijo nada, el primer periodo el hizo todo solo no sabía que había pasado, pero cuando regreso de vacaciones de junio entregamos todos los trabajos y una tarea de español, con el Papá de Samuel nos reunimos con la rectora para que nos colaborara con el informe y para buscar una manera en la que el siguiera con esa independencia y que los profesores me dieran la información con antelación, entonces ella me dijo que la educadora especial era la que debía informarme y que semanal ella me debía dar un informa de los profesores si Samuel debía algo, así lo hicimos el termino el segundo trimestre bien, ocupo el sexto puesto y para el tercero solo se atrasó en dos tareas, ya otra vez había vuelto a la normalidad igual yo para octubre ya estaba recuperando fuerzas ya no me sentía tan dormida.

Hago un paréntesis bastante importante y que les será de total importancia, ya que siempre en semana santa cuando yo le daba a mi hijo sardinas o atún él se comía la ropa y la dañaba porque le daba mucha ansiedad, esta vez el pescado lo que hizo fue ponerlo lento y cansado y a mí también, luego me puse a investigar me dijeron que de pronto estaba contaminado, es muy probable pero leí que todos los pescados tienen un porcentaje de mercurio y el mercurio produce problemas de atención y memoria, pone lenta a la persona. En cantidades muy grandes puede causar problemas cognitivos. Recordemos que nuestros hijos con autismo ya tienen unas dificultades por tanto les recomiendo que si sus hijos tienen algún diagnóstico de autismo o trastorno no le den estos alimentos. Esta fue la última vez que comimos pescado y no lo volveremos a probar.

Volviendo a nuestra cotidianidad, como el papa de Samuel y yo íbamos juntos a sus citas compartíamos más y el empezó a invitarnos por decisión propia a comer helado y compartir un rato, no era muy frecuente solo dos veces al mes. Tratamos de llevarnos mejor. En agosto tuve la cita con el fisiatra y este dijo que estaba muy bien y que debía hacer algún deporte para ir tomando masa muscular por ser tan bajo de peso, pues peso 37 kilos, midió 1,53 centímetros, en los últimos meses se fue creciendo más y haciéndose más alto, se ve más delgado.

En septiembre fue su cumpleaños y lo compartimos con su papa por primera vez, se empezaba a divertir con él aunque dijera lo contrario hacen bromas y juegan, luego tuvo las pruebas cognitivas le hicieron tres ese mismo día y no le fue bien en memoria y en matemáticas, en la prueba de ci le dio 87 y le pusieron que presenta fortalezas personales en los índices de compresión verbal y de razonamiento perceptual, , ya que habla ya más fluido, presenta debilidades personales en los índices de memoria de trabajo y de velocidad de procesamiento. Por lo cual se le dificultad realizar las tareas al mismo ritmo que los demás. Como parte del trastorno de atención que está entre los síntomas del autismo. Samuel es inteligente pero estas dificultades disminuyen los valores cuantitativos de la prueba. Por lo cual dificulta las actividades a la hora de hacer un cálculo fluido, la velocidad, para escribir.

A continuación pego las conclusiones:

La exploración neuropsicológica, en conjunto con la semiología observada, los hallazgos en el test de inteligencia y la información aportada por el paciente y su acudiente, pone de Manifiesto, que Samuel, presenta un coeficiente intelectual total (CIT) de 87, que lo ubica en un rango PROMEDIO BAJO de nivel intelectual. Con fortalezas personales en Los índices de comprensión verbal y de razonamiento perceptual y debilidades personales

En los índices de memoria de trabajo y de velocidad de procesamiento, estos dos últimos como signos de TDAH (trastorno por déficit de atención), que incluso disminuye notablemente los valores cuantitativos del CI Total, explicando así, el rango promedio bajo.

Estas son las recomendaciones que hace el Neuropsicologo,

***Por lo anterior se recomienda programa de educación o modelo pedagógico de inclusión (PIAR). Adaptación curricular para necesidades educativas especiales. En estudiantes con trastornos atencionales y trastornos mixtos del aprendizaje. En aula de clase, sentar cerca al profesor, supervisión periódica, evitar estar rodeado en clase de niños que la puedan distraer, evitar connotaciones negativas y devaluadoras, reconocimiento de logros. Evitar aislamiento, ocupar tiempo libre en actividades que permitan el desarrollo de capacidades, supervisar y minimizar el uso de computador medio electrónico y redes sociales.

Entregue en el colegio el documento que lo tenga en cuenta para los ajustes del año siguiente en octavo. Enseguida tuve mi biopsia, ese día el papa de Samuel no alcanzo a llegar temprano y tuve que dejar al niño afuera con las recepcionista y yo iba saliendo, pero luego la enfermera de la biopsia me ayudo y me timbro a mi celular cuando fue mi turno ya que no estaba permitido entrar niños, en la casa no se podía quedar solo era muy retirado y me demoraba casi todo el día, ese día salimos a las 6 de la mañana, cuando me llamaron lo tuve que dejar como 20 minutos, pero cuando el doctor saco mi muestra cómo me movía y estaba inquieta no saco bien la muestra, terminamos y salimos de ahí nos fuimos a la casa. Tenía que recoger el resultado al mes.

Con eso concluimos todas las ordenes nos faltaba la de psicología y lo de genética, fue imposible, psicología me dieron cita para el 2 de noviembre. Ya estaba casi terminando su años escolar también porque faltaba un profesor tuvimos que ir los sábados al colegio dos horas, y luego a terapias, algunas terapias se las corrí para que terminara el colegio, ya para terminar tenía dos amigos más, que tenían afinidad en los mismo la tecnología, los programas retro, a Samuel le gustaba dragón ball Z, para terminar octubre no se le llevo disfrazado, él no me dijo ese día tuvo un episodio al ver que se fue en uniforme mientras otros no y los dejaron entrar de particular él se molestó y se iba a poner a llorar, la profesora me llamo pero yo estaba con mareo y vivimos lejos y no podía llevarle nada, había hecho una máscara pero no la pude llevar y él no la quiso llevar. Yo le dije que le dijera que se calmara porque el no dijo que llevara la máscara y yo me tardaba en llegar. En la tarde salimos con su papá a pedir dulces un momento y él fue a arreglar su cama que se había dañado. Durante eso meses que no tuve muchas entradas el me ayudo económicamente, fueron como dos veces, pero ya nos apoyaba más ya me había subido la mensualidad y le dio el dinero para la muda de su cumpleaños, compartía más con nosotros, salíamos. Me apoyaba en lo médico, finalizando octubre había encontrado en la plataforma un trabajo y ya estaba haciéndolo, era Marketing para dos empresas de Ecuador me pagaban en dólares pero me pagaba hasta terminar fue difícil, pero lo hice le dije que no me preocupara que él me ayudaba, la siguiente semana me llamo un cliente viejo que había puesto un restaurante para crear sus redes sociales y me pago de una vez, con eso me sostuve. Así termino Samuel los primeros días de noviembre su año escolar pero como todavía estaba pendiente lo de informática les dieron unas clases extras y tuvo que ir hasta el 30 de noviembre. Termino séptimo muy bien siendo más independiente obviamente siempre con un poco de supervisión, yo lo sigo recogiendo porque su colegio queda en un lugar feo y es peligroso, como entra a las 6:00 am hay que llevarlo y por lo distraído todavía no está listo para irse solo, es algo que hay que trabajar por pasos.

También en noviembre tuvo cita con la psicóloga y le dieron 12 sesiones de terapia en lo que se va tratar de trabajar las emociones y la tolerancia a la frustración. En lo que ella vio puso que tenía un vínculo sobreprotector amalgamado. Tuvo dos cesiones más en diciembre y en este lapso estuvo descansando, se está trabajando en independencia en que ya cocine, ya está aprendiendo a hacer el desayuno también ahora lo pongo a que ayude a otras tareas como trapear yo le lavo el trapero y nos dividimos. Cada mes es un nuevo reto estamos esperando que inicie años escolar ya en octavo con algebra que es un reto y los cambios de maestros que de pronto nos requieren quejas en Dile, pero ni importa sigo firme y seguirá teniendo mi apoyo, solo que para este nuevo año, podamos tener más apoyo y si es necesito pagarle un maestro. Que se integre a otras actividades y que no solo estemos en lo médico.

En cuanto a mi negocio, me fue muy bien en noviembre cobre bien en dólares y con eso me sostuve en diciembre ya que todo estuvo quieto aproveche para descansar y estoy ya pasando propuestas con la aplicación también tengo proyectado pedir préstamos para pagar las campañas de marketing para ya trabajar de todo el día en casa. Lo importante es dejarle un camino a Samuel y que él se pueda integrar a este trabajo ya que todo eso de diseñar y programar le gusta y que él estudie en el colegio hay tres carreras técnicas que hacen en convenio antes de graduarse, no sé si el alcance pues hay que ver si da el ritmo, hay programación, medios audiovisuales, pero esto le ayudaría muchísimo, si no puede entonces que solo termine el colegio y cuando termine si es posible y no tiene más inconvenientes, que haga algo técnico en programación. Que trabaje como independiente y pueda ser útil a la sociedad y se independiente. Todo depende de cómo evolucione.

Acabamos de empezar año escolar, mi resultado de la biopsia no ha sido leído tengo que esperar que hacer y si todo está bien o si solo son los quistes de mi tiroides, esperamos todo salga bien. También para finalizar años salimos a donde mis papas y estuvimos desconectados y eso le ayudo, lo importante ahora es que trate de ser más social siento que ya tengo un adolescente normal, con algunas manías, el autismo sigue ahí nunca se va, sus manías, estereotipias unas se van y llegan otras, como por ejemplo que ahora no quiere usar camisetas esqueleto. El pelo no se lo deja cortar con la adolescencia es más difícil y la Tablet ha sido un lio por eso trato de salir seguido se le compraron pinturas para que en las vacaciones pintara. He hecho todo lo que he podido con lo que tengo a mi alcance, debemos irnos de esta casa esté año, son retos nuevos que se nos presentan pero doy gracias a Dios por todas las personas que me puso en el camino para poder tener a mi hijo sano y feliz, no imagino como hubiese sido si no hubiera tomado la decisión posiblemente mi hijo no hubiera terminado aún la primaria, no sabría leer y sería más agresivo. Todo tiene un precio no tengo una casa propia todavía pero estoy encaminada a ser empresaria y aprendí nuevas cosas, me conocí a mi misma gracias a Samuel, el me ayudo a ser fuerte al comienzo lloraba ahora solo respiro y sigo, me levanto todos los días consiente de que cada día es hermoso, que compartir cada momento con mi hijo poder salir a la calle, que el disfrute y pueda compartir ya con las personas es algo que no tiene precio. Que ahora pueda pensar en que tal vez va estudiar o ir a una universidad. Es algo que nunca había contemplado cuando el inicio este proceso de diagnóstico.

Espero les sirva de esperanza nuestra historia, no comento todos los detalles porque son cosas personales de mi hijo, hubo detalles que no puedo narrar de las cosas que hacía. Samuel salió de un diagnóstico de autismo casi en la mitad del espectro a ser casi un niño como cualquier otro.

De todas mis recomendaciones hago especial énfasis en la comida en el apoyo de la familia y un entorno saludable, en dejar que los niños sean ellos mismos, sin trabajar bajo presión o castigos que los vuelvan más agresivos. En poner reglas, sin golpear. En rutinas basadas en el condicionamiento todos los días, mucho trabajo seguido encada una de las rutinas del día. En el lenguaje recomiendo que compartan con niños que hablen mucho es importante la aceptación.

Mi recomendación final no los encierren dejen que salga y compartan entre pares, la inclusión es primordial es lo que más ayudo a mi hijo, es difícil pero depende del colegio y de las maestras que otros niños los acepten. Hago también una aclaración pues en muchas parte de del escrito verán que cuando entraba al jardín o a terapia lo tomaban entre varias personas, era parte de la frustración hacia los cambios. Nunca se le maltrato sino se tomaba de manera adecuada, igualmente cuando lo bañaba o cuando se ponía agresivo. Se tomaba de frente y cuando las terapeutas lo tomaban cada una le sostenía una mano. Siempre por recomendación de Cifelito se le revisaba antes de entrar.

Les cuento que hoy termino esté escrito con un resumen de lo que paso en estos cuatro meses en que estuve un poco por distraída, en cuento a Samuel ingreso a octavo le cambiaron a sus dos amigos de salón pero se ven en el descanso, está trabajando totalmente solo y termino muy bien todas sus materias, en matemáticas le fue bien porque continuo con el mismo profesor y Samuel le ayudo con su proyecto haciendo las imágenes desde inteligencia artificial, trabajo sin ayuda solo le revise un par de veces sus cuadernos, otra amiga de Samuel se retiró del colegio no se las causas pero se me queda sin los pocos amigos que tenía, me dijo que otro están haciendo tramites de visa para migrar, eso me preocupa porque esos niños vienen con ellos desde primero trabajando con los niños de barreras de aprendizaje y que lleguen nuevos es un reto más grande porque no saben entender las dificultades y en ocasiones puede haber bullyng, estaré atenta, estoy contemplando también migrar, todo depende de cómo se den las cosas con Samuel.

Tuvimos una última cita con la psicóloga, y no he podido pedir más porque hay problemas con la salud en Colombia, en cuento al papá de Samuel si se le puede llamar así, de ahora en adelante solo le llamaremos Carlos, tuvimos un inconveniente gravísimo, el seguía en las andadas, había dicho mentiras en las que me había envuelto y yo le creí o preferí dejar así porque le necesitaba concentrado en lo mío por si había una intervención, igualmente ya los últimos meses había decidido que después de la cita con el cirujano iba a dejar así porque él decía muchas incoherencias, vino como dos ocasiones más a invitarnos a comer, le compro los útiles a Samuel, me dio un dinero para una camiseta y me colaboro dos veces con dinero mientras solucionaba, pues tuve clientes viejos pero mi celular se iba a dañar y lo tuve que reemplazar lo que me trajo gastos. Tuve clientes que me escribieron unas asesorías virtuales, una página web, un cliente de panamá y un cliente de un restaurante al que le manejo las redes sociales.

El hecho es que Carlos no solo tiene asperger sino que tiene conductas narcisista, engaña mujeres, nuca les dice que tiene un hijo, se pone una máscara y la mantiene, triangula, con las ex, en fin me mintió, me dijo que vivía solo y vivía con alguien, se aprovechó de que tenía mi problema y no le había dicho a esa persona que tenía hijos porque tiene otros como mencioné antes, está vez su familia le encubrió en la mentira. Tuve problemas difíciles y definitivamente me di por vencida con él, las personas preguntan cuándo te ven sola, como el Rector de mi hijo hace dos años, pero el papá debe compartir pero no entienden los sacrificios que hago como persona para aguantar la de valuación de esa persona, el estrés que genera una persona que nunca llega, que te absorbe tu energía y tu tiempo y encima que si le das un espacio te manipula, me arrepiento de haber abierto esa puerta porque expuse a mi hijo a ese psicópata, pero esta historia la contare en otro libro sobre el narcisismo porque es exactamente la conducta que él tiene, donde hace todo circulo para engañar y atrapar mujeres en especial mujeres solas. Para que le suplan sus necesidades ya sean dinero, favores u otras cosas. Con Samuel no se llevó bien era otra de las razones por las que dije ya no más y le estaba tratando de cortar, se peleaban y en una ocasión cuando fuimos a comer pizza le dijo a un niño quiten estorbos y lo empujo, se coló también en una de mi citas en trasmilenio, una persona sin valores ni escrúpulos que no quiero cerca de mi hijo que venga a sabotear todo. Como me dijo una señora como consejo ellos luego le hacen violencia vicaria, ponen a tus hijos en tu contra. Pero Samuel no se dejó y lo vimos poco, me dejo ansiedad por el estrés que ejercía en mi cuando me volteaba las cosas, cuando llegaba tarde, cuando trataba de sacarlo definitivamente y me decía, pero no me puede permitir dejar de ver a mi hijo cuando todo salió dijo a esa mujer que no quería a mi hijo que tenía uno solo, en fin quedo en ridículo, desenmascarado en todos lados y por fin soy libre ya me bloqueo. Las cosas pasan por algo y pasaron sin hacer yo nada, imagino que por eso estaba ahí pendiente porque mi problema de salud le traía problemas si me pasaba algo porque se iba a saber que tenía un hijo o hijos y su pasado. Por otro lado era inevitable porque la otra chica estaba haciendo un proceso para dejar un documento de demanda para no tener que verle la cara a ese hombre cuando fuera viejo y pidiera una mensualidad a sus hijos, legalmente solo se exonera si tiene pruebas de que no cumplió como padre entonces tengo que guardar todo porque dudo que volvamos a tener contacto si sigue dando el dinero lo recibo pero si lo deja de dar pondré la denuncia en la fiscalía y que quede ahí como antecedentes. Haré lo que debí haber hecho desde que lo conocí borrarlo aunque tenga un hijo suyo que no merece. Para nosotros ya no existe.

Finalizo contando que Samuel está ahora trabajando con los videos de artes en el colegio y fue invitado a un festival, le gusta mucho todo lo del cine. Ya no responde porque estaba algunos días al inicio de año que me respondía feo, pero ha mejorado. No discutimos estamos bien. Hace caso y aunque se distrae hace sus tareas, me preocupa su soledad, necesito que comparta más, pero de eso me encargaré ya en buscar espacios, ahora vamos de nuevo a leer a la biblioteca y traemos libros. Espero recuperar hábitos y ver qué actividades podemos hacer para que ambos socialicemos más.

Hasta aquí termino no sé qué nos depare el futuro a donde nos llevé, tenemos muchas metas, publicar esté libro, mejorar mi negocio, tener más clientes. Comprar una casa, escribir otro libro que tengo ya pensado. Todo depende de Samuel si su colegio sigue brindando el mismo apoyo o sino vería si nos vamos del país mejor para brindarle una mejor calidad de vida y que tenga más futuro.

Agradezco a todas las personas que estuvieron ahí para apoyarme a mi Amiga Mary, que me enseño a tener libertar, al Profesor Jhon que me enseñó a cuidar trabajar con mi hijo desde sus necesidades. Al profesor Miguel que me apoyo no solo en mis proyecto de Grado sino que fue un ángel apara mi hijo cuando nos apoyó en la dificultad que tuvo con el vidrio y cuando hablo con la maestra. A mis papas, a mi Hermana mayor. A las maestras a integración social. A los muchachos ingenieros que me permitieron aprender sobre diseño y marketing. No lo hubiera logrado sin ellos, sobre todos los dos amigos venezolanos que hice por internet. Gente con valores que me pagaba o trabajaba sin conocerme y por ultimo a mis clientes fieles que todavía creen en mí.

A las mamás que están leyendo esto no se rindan, pónganse los guantes por sus hijos verán que son la mejor inversión. Pronto escribiré más sobre los logros de Samuel porque sé que llegará muy lejos.

FIN

BIBLIOGRAFIA

James P. Rusell. El autismo como trastorno de la función ejecutiva. Madrid. Médica Panamericana, 2000.

Birger Sellin .Quiero dejar de ser un dentro de mí, mensajes desde una cárcel autista. Traducción de Carmen Gauger ; edición de Michael Klonovsk. Círculo de lectores 1994.

Denys Rivas; traducción de María Teresa Graiño. Un grito oscuro: el enigma de los niños autistas. Bogotá. Norma 1993.

Uta Frith. Traducción de Angel Riviáere y María Núñez Bernardos. Autismo: hacia una explicación del enigma. Madrid. Alianza 2002.

Clínica U&C Hipnosis Clínica Directa. Hipnosis Para La Ansiedad | Meditación Para El Control De Ansiedad. Video youtobe https://www.youtube.com/watch?v=YAJ0YMZ0FLE&t=5s.

About the Author

Licenciada en Pedagogía infantil de la universidad del Tolima, Colombia, Madre de Samuel quien se encuentra dentro del espectro autista. Luchadora incansable por los derechos de mi hijo.

www.ingramcontent.com/pod-product-compliance
Ingram Content Group UK Ltd.
Pitfield, Milton Keynes, MK11 3LW, UK
UKHW041932131224
452403UK00001B/74